JN094033

Shuwasystem Business Guide Book

How-nual

生産管理の
基礎知識

ビジネス・キャリア検定試験
BASIC級生産管理 副読本

BASIC級試験対策問題付き！

岡野 弘典 著

本書を一度読み、ビジネス・キャリア検定試験の過去問を解いてみました。

　本書の草稿ができあがったあとで、妻に1回読んでもらいました。その後、妻に実際にビジネス・キャリア検定試験の過去問を解いてもらい、採点してみました。ちなみに、勉強前の妻の状況は次のとおりであり、生産管理に関してはまったくのド素人でした。

・結婚してから、ずっと専業主婦をしてきた
・文系の学部の出身で、生産管理などの知識は一切ない
・結婚する前にしていた仕事は、製造業とは一切関係がない

　その妻に、本書を読んでもらいます。結構、じっくり読んでくれたので、4、5時間ほどかかりました。

　読んだあとで感想を聞いてみると、

「まあまあ、それなりにわかった」

という感じでした。

　そのあと、過去問を使って学習の効果をチェックしました。

　70問を25分程度かけて、一生懸命解いていました。

　そして、ついに採点の時間がやってきました。結果は……

　70問中、正解は48問でした（正答率69%）。

　ビジネス・キャリア検定試験 BASIC級生産管理の合格基準は、試験全体としておおむね70%以上の正答が必要です。わずかに合格点には届きませんでした。しかし、本書を一度読んだだけで69%の正答率には驚きです!!

　妻に感想を聞いたところ、次の返答が返ってきました。

・専門用語はよくわからなかったが、常識的に考えれば解ける問題が数問あった。
・環境に関する問題は、学校の社会の授業で習ったことがあったのでわかった。
・生産管理について勉強を少しでもしたことのある人だったら、ほんの少し勉強すれば合格できると感じた。

　ド素人の妻が本書を1回通して読むだけで、合格点目前まで実力が向上しました。
　そのため、筆者は、本書がビジネス・キャリア検定試験 BASIC 級生産管理の学習に「有益」だと自信が持てました。

　本書を何回か読んだあと、過去問で演習したりすることで、実力を確認してみてください。
　苦手な分野があれば、PDCA サイクルを回し、理解をさらに深める努力をしてください。そうすれば、確実に試験に合格できると思います。皆さんが本書を活用して合格されることを願っています。

2023年10月　　筆者記す

ビジネス・キャリア検定試験 BASIC級生産管理

　本書は、生産管理の入門書であると同時に、「ビジネス・キャリア検定試験 BASIC級生産管理」の副読本としてもお使いいただける内容となっています。この資格を取得されたのち、業務に邁進しつつ、さらに上位の資格にステップアップすることで、生産管理担当者としての皆さんのキャリアを築き上げていただけたらと思います。

◇ ビジネス・キャリア検定試験

　ビジネス・キャリア検定試験は「中央職業能力開発協会」による認定資格試験です。公式ホームページによると、「職務を遂行する上で必要となる知識の習得と実務能力の評価を行うことを目的とした試験」とのこと。いわゆる国家資格と違って、「特別に何かの業務を独占的に行うことができる」という部類の資格ではありません。しかしながら、私たちが職業人として自分の能力を証明するために有用な資格として人気があり、全体として延べ60万人以上の方が受検しています（2023年現在）。ビジネス・キャリア検定試験はBASIC級から3、2、1級まであり、それぞれのキャリアのステージ別に、受検が推奨される級が定められています。

◇ BASIC級生産管理とは

　本書を手にされている皆さんの中には、学生や新入社員の方で、生産管理部門で働きたい方あるいは実際に配属された方が多いと思います。そのような方は、まずBASIC級生産管理を取得することが当面の目標となるでしょう。ビジネス・キャリア検定試験（生産管理）と想定される職位（会社での立場）との関係を次図に示します。

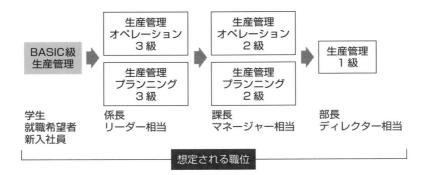

ビジネス・キャリア検定試験（生産管理）の体系

| BASIC級 生産管理 | → | 生産管理 オペレーション 3級 | → | 生産管理 オペレーション 2級 | → | 生産管理 1級 |
| | | 生産管理 プランニング 3級 | | 生産管理 プランニング 2級 | | |

学生
就職希望者
新入社員

係長
リーダー相当

課長
マネージャー相当

部長
ディレクター相当

想定される職位

◆ BASIC級生産管理を取得するメリット

BASIC級生産管理を取得するメリットとしては、以下のものがあります。

①配属されたばかりの新入社員が、生産管理の知識を体系的に身につけることができる。
②生産管理業務に対する基礎的知識・能力があることの客観的証明となる。
③就職活動中の学生の場合、履歴書に書くことで有利になる。
④ビジネス・キャリア検定試験の上位級への足がかりとなる。BASIC級➡上位級に挑戦・取得することで、会社からの成績や査定の評価が上がる場合がある。
⑤中小企業診断士、技術士（経営工学部門）といった高難易度国家試験の受験準備の第一歩となる基礎知識が身につけられ、ステップアップが可能。

◆ BASIC級生産管理の試験概要と難易度は？

（1）試験概要
①出題形式：すべて「正誤（〇、×）」を問う問題（マークシート方式）
②問題数：例年70問
③試験時間：60分
④合格基準：おおむね70%以上の正解率

(2) 難易度

正誤問題なので、ランダムに解答しても50%の正解率となるはずです。内容としては、生産管理の基礎的な知識を問う問題が多いです。そのため、比較的簡単な試験だといえます。

(3) 合格率の推移

合格率はおおむね70~80%前後で推移しています。

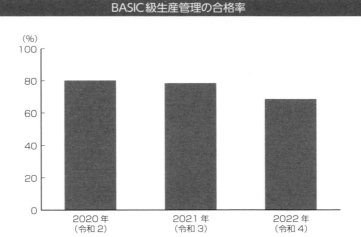

BASIC級生産管理の合格率

なお、試験日程その他の最新情報はこちらでご確認ください。

https://www.javada.or.jp/jigyou/gino/business/

◇ BASIC級生産管理で出題されやすいポイントは？

BASIC級生産管理は比較的簡単な試験ですが、出題範囲は非常に幅広いです。そのため、どこから学習してよいのか困惑する方もおられることでしょう。

筆者のおすすめは「出題されやすい範囲を優先して学習」することです。

どの分野を優先して学習するのが効率的でしょうか？

下の表は、「令和3年度試験で出題された問題（全70問）が本書の章構成のどこから出題されたか」を筆者が集計したものです。

　「第3章　工程管理」や「第7章　品質管理」など、明らかに出題頻度の高い箇所があることが、ご理解いただけると思います。これらの分野を優先的に学習すれば、より効率的に試験に合格することができるでしょう。なお、本書では「出題傾向のポイント」を随所に掲載しています。

学習の優先順位と本書の章構成との関係

本書の章構成		出題数	優先順位
第1章	生産システム	5	
第2章	製品企画	4	
第3章	工程管理	**13**	高
第4章	作業管理と設備管理	3	
第5章	資材・在庫管理	**9**	高
第6章	物流管理	5	
第7章	品質管理	**10**	高
第8章	原価管理	**8**	高
第9章	納期管理	5	
第10章	安全衛生管理	4	
第11章	環境管理	4	
合計		**70**	

（令和3年度の試験問題より筆者作成）

◇ BASIC級生産管理の過去問を手に入れる方法

　過去問の学習に取り組むことは、試験のレベルを把握したり、実践的なトレーニングをするうえで有効です。中央職業能力開発協会のホームページでは、数年分の過去問が公開されています。なお、本書では各章末に「試験対策問題」を掲載しています。

図解入門ビジネス
生産管理の基礎知識 ビジネス・キャリア検定試験BASIC級生産管理副読本

第①章　生産システム

第②章　製品企画

第③章　工程管理

第4章　作業管理と設備管理

第5章　資材・在庫管理

第 9 章　納期管理

第 10 章　安全衛生管理

第 11 章　環境管理

第 ① 章

生産システム

　本章では、導入として「製造業」を想定した経営活動全般について取り上げます。私たちの身の回りにある様々なタイプの製品が企画、設計、製造および販売されていく流れはどのようなものでしょうか。その中で、生産管理部門はどのような役割を果たすのでしょうか。これらの基本的な内容を押さえていきましょう。

生産システム

生産システムの構造

まずは、モノづくりを中心とした「生産システム」の全体像をつかんでいただきます。
また、生産管理の基本的な考え方についても学んでおきましょう。

◇本書で取り扱う「システム」という言葉について

「システム」という言葉を聞くと、コンピューターのソフトウェアなどの仕組みが
思い浮かぶ——という方が多いと思います。しかしながら「システム」には、「複数
の要素が関係し合ってまとまった機能を発揮していく仕組み」という、より広い意
味もあります。本書では、「システム」という言葉を主としてそのような意味で使用
します。

例えば、本書には「生産システム」という言葉が出てきますが、これはコンピュー
ターの中のプログラムのようなものではなく、「生産活動をしていくために集めら
れ、機能している様々な要素の集まり」を指しています。この点に注意しながら本書
を読んでいただくと、理解がより深まります。

◇生産システムとその周りの様々なシステム

生産システムとその周りには、次のように様々なシステムがあり、これらが密接
に関連し合っています。以後しばらく、ビジネス・キャリア検定（生産管理）の中で
取り上げられている主なシステムについて、概略を学んでいきましょう。

（1）製品企画システム・製品設計システム
（2）生産管理システム
（3）資材システム
（4）物流システム
（5）生産システム

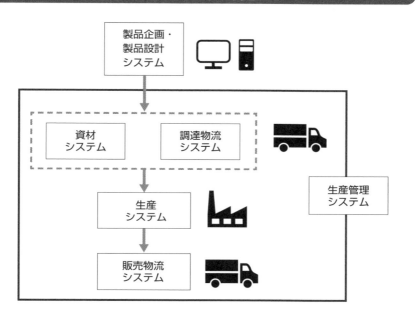

生産システムとその周りの関連システム

◇ 製品企画・製品設計システム

　製品企画段階では、マーケティング活動などを行って、顧客や市場のニーズに合った魅力的な製品を企画していきます。また、地球環境を守る動きへの対応や新しい技術が出てきたことへの対応が、新製品の企画の動機付けになることもあります。

　ここで需要予測や販売予測を立てていきますが、こういった予測結果こそが、新工場や設備投資などを立案したり、どのような生産形態をとっていくかを決めたりするために必要な情報となります。また、製品企画の段階から、VE（Value Engineering：価値工学）活動などを体系的に行っておくと、価値の高い製品を生み出すことが容易になります。

　製品設計段階では、製品に期待どおりの機能を発揮させるために、1）基本設計（意匠設計・機能設計）、2）詳細設計および3）生産設計に取り組みます。また、これらの各段階で様々な部門が参加してデザインレビュー（Design Review：DR、設計審査）を行いながら進めていくのが一般的です。

◇ 設計ステップ

1）基本設計

　　・意匠設計：デザイン性を検討

　　・機能設計：基本機能を満たすための構造、環境配慮および原価などを検討

2）詳細設計

　　・基本設計の内容を部品図や組立図まで落とし込む

3）生産設計

　　・生産性、経済性を高めるための設計

　　・資材、設備、加工、組立作業、物流などにかかわるコストを削減できる設計を行う

◇ デザインレビュー

　　デザインレビューは、設計の各ステップごとに「開発目的を満たしているかどうか」を確認するために行います。関連するすべての部門が参画して実施します。デザインレビューの実施により、設計に見落としがないかどうか客観的な視点で評価・確認しながら、設計のステップを進めていくことが可能となるのです。

出題傾向のポイント

　　製品開発プロセスには、①製品企画、②技術開発、③製品設計、④生産準備、⑤販売準備が含まれます。この5つがダイレクトに問題文に出題されるケースがあるので覚えておきましょう。

2 生産システムとは

生産活動において最も大切な「3M」という考え方や、生産システムの概略を学びましょう。

◇ 生産システムとは

　生産システムとは、生産活動を行っていく仕組みのことです。生産とは、「③原材料や部品などを、②設備や①人を用いて変換することにより、付加価値をつけた製品を生み出していく活動」を指します。

　ここで、①人（Man）、②設備（Machine）、③材料（Material）という、生産活動において最も重要な3つの要素のことを、**3大要素**と呼んでいます。製造業では、これら3つの頭文字「M」を取って「生産の3M」と呼ばれることが多いです。基本的な用語として覚えておきましょう。

生産活動の基本的な考え方

製造業における製造工程のタイプには、（1）組立型生産と（2）プロセス型生産があります。

（1）組立型生産

　原材料や部品を自社の工場で加工したり、外部から調達した部品を集めたりして組み立て、製品を完成させる生産形態です。

　【例】自動車、船舶、家電、産業機械など

> これらの製品は様々な部品で構成されています。

（2）プロセス型生産（装置型生産）

　1つの素材に対し、後工程になるに従って様々な加工が加えられ、いろいろな製品に変化する生産形態です。

　【例】石油精製、鋼材、薬品など

資材システムとは

製造業では、部品や原材料を外部から調達するのが一般的です。そのため、資材を調達する「資材システム」は非常に重要な役割を担っています。QCDや「購買管理の5原則」といった基本的な考え方を学んでいきましょう。

◇ QCDは最も重要な視点

資材調達・購買の活動や資材システムを考える際に最も重要な指標となるのは、①品質（Quality）、②コスト（Cost）、③納期（Delivery）の3つです。製造業では、これら3つの頭文字を取って**QCD**と呼ばれることが多いです。

◇ 資材システムにおける業務プロセス

発注検討段階——どのような方針で、どこに発注するかを計画する段階——と実際の発注が始まったあとの段階とでは、業務プロセスが異なります。資材システムにおける業務プロセスを次図に示します。

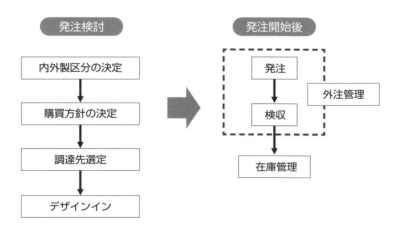

資材システムにおける業務プロセス

　発注検討段階では、まず「どの製品のどの部分を社内で製作するか」、「どの部分を外部に委託するか」を検討します。これを**内外製区分**といいます。内外製区分が決まったら、購買方針を明確化し、調達先を検討・選定します。

　近年は、「製品企画段階から、調達先企業がVE活動や生産設計などを通して参画する」という「デザインイン」のプロセスが導入されるケースが増えています。このプロセスでは、調達先が「効率的に生産するにはどのように設計したらよいか?」などの視点で発注先にアドバイスする、といったことが行われます。

　実際の発注が始まったら、発注、検収、在庫管理などの定常的な業務が開始されます。単純な事務的作業だけではなく、「外注管理」として、調達先の操業度を確認しながら発注量を調整したり、できあがった製品品質の状況を確認したりします。調達先で品質不良などの問題が発生した際には、現地で発生している問題を把握・対処することも必要です。

◇ デザインインとは

　メーカーが製品を企画・設計している期間中に、部品や装置などの販売業者が自社製品の営業活動を行い、様々な技術提案やアドバイスなどを行う活動のことです。メーカーとしては、調達先と共同で技術的課題への対応や原価のつくり込みができるので、製品開発を効率よく進められます。調達先にとっては、早い段階で営業ができ、自社の部品や装置の採用を促することができるというメリットがあります。

◇ QCD 以外の視点も必要

　購買活動ではQCDだけではなく、「どれだけの量を買うのか?(数量管理)」、「どのサプライヤーから買うのか?」も重要です。QCDという指標に、購買活動特有の管理指標を加えたものが、購買管理の5原則です。この原則については本書の第5章で扱います。資材担当者は、資材システムを構築していくときにも、この5原則を考慮します。

出題傾向のポイント

　内外製区分は、試験で何度か出てくる考え方です。ここが決まらなければ、自社内の生産計画や外注もしくは調達先への発注計画が立案できません。

4 物流システムとは

製造業では「物流を制する者が業界を制する」といわれるほど、物流システムが重要視されています。その機能や分類についての基本を学んでおきましょう。

製造業で扱う物流にはいろいろな種類があり、特有の用語もたくさんあります。これらの基本を学んでおきましょう。

◇ 物流システムとは

物流というと「トラックなどで物を運ぶこと」というイメージをお持ちの方も多いと思います。しかしながら実際の物流には多様な機能が含まれており、製造業の企業としては、それらを戦略的に行うことが、競争力をつけていくうえで非常に重要です。**戦略物流思考**と呼ばれるこの考え方については、第6章で取り上げます。

まずは、物流に含まれる主要な5つの機能（**物流5大機能**と呼ばれる）を確認しておきましょう。物流には、①輸送、②保管、③荷役、④流通加工、⑤包装の5つの機能があるとされています（情報を入れて6つの機能とする場合もあります）。

製造業で「物流」といえば、単に「トラックで運ぶ」だけではなく、これら5つ（もしくは6つ）の機能を含むシステム全体を指しているのです。このことは重要なので覚えておきましょう。

ビジネス・キャリア検定では、製造業における物流システムの領域を、①調達物流、②販売物流および③工場内物流に大別しています。

①調達物流

製品を製造するための部品や資材の物流です。

②販売物流

最終製品を市場に提供するための物流です。

③工場内物流

工場内での部品や製品のハンドリング（いわゆるマテハン）です。

一方、JIS（Z 0111-1001）には、物流の領域が明確に定義されています。この定義によれば、物流の領域は以下の5つに分けることができます。こちらも覚えておくと便利です。

①調達物流、②生産物流、③販売物流、
④回収物流（静脈物流）、⑤消費者物流

◇ 物流とロジスティクス

「物流」と「ロジスティクス」や「サプライチェーンマネジメント」との違いがいまひとつわからないという方も多いと思います。これらの言葉は混同されがちですが、JISの中で明確に区別されています。それぞれの定義を覚えておくとよいでしょう。

●物流（JIS Z 0111-1001）

「物資を供給者から需要者へ、時間的および空間的に移動する過程の活動。一般的には、包装、輸送、保管、荷役、流通加工およびそれらに関連する情報の諸機能を総合的に管理する活動。調達物流、生産物流、販売物流、回収物流（静脈物流）、消費者物流など、対象領域を特定して呼ぶこともある」

●ロジスティクス（JIS Z 0111-1002）

「物流の諸機能を高度化し、調達、生産、販売、回収などの分野を統合して、需要と供給との適正化を図るとともに顧客満足を向上させ、あわせて環境保全、安全対策などをはじめとした社会的課題への対応を目指す戦略的な経営管理」

●サプライチェーンマネジメント（JIS Z 8141-2309）

「資材供給から生産、流通、販売に至る物またはサービスの供給プロセスにおいて、需要が連鎖的に発生する特徴を利用して、取引を行う複数の企業が情報共有、協調意思決定などの手法を用いて、必要なときに、必要な場所に、必要な物を、必要な量だけ供給できるようにすることで、サプライチェーンに介在するムダを排除し、経営効率を向上させる方法論」

5 生産システム
生産管理システムとは

本書のメインテーマである「生産管理システム」について、定義や概要を学んでおきましょう。

◇ 生産管理システムの定義

生産管理とは何でしょうか。JISの生産管理用語（JIS Z 8141-1215）によると次のように定義されています。

> 財・サービスの生産に関する管理活動。
> 具体的には、所定の品質Q（quality）・原価C（cost）・数量および納期D（due date, delivery）で生産するため、またはQ・C・Dに関する最適化を図るため、人、物、金および情報を用いて、需要予測、生産計画、生産実施および生産統制を行う手続きおよびその活動。

JISの表現は少し難しいので、筆者は「生産管理は経営資源（3Mなど）を効率的に配分・運用して、顧客や市場に求められているQCDを達成する製品を産み出していくための管理」だと理解しています。

生産管理において、QCD——品質、原価（コスト）、納期——は生産における管理である「生産管理の第一次管理」や「需要の3要素」というキーワードにも含まれているため、非常に重要な管理目標であるといえます。

●生産管理システムの範囲とは

生産管理のシステムの中には、次ページ上図に示した範囲が含まれています。あとの章で出てくる内容が多いので、簡単にイメージをつかんでおきましょう。

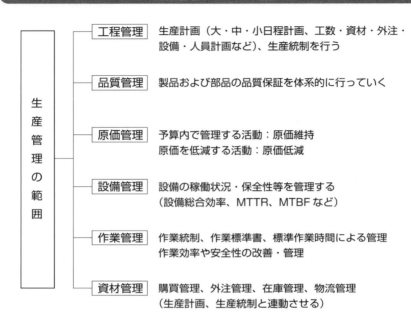

生産管理システムの範囲

生産管理の範囲	工程管理	生産計画（大・中・小日程計画、工数・資材・外注・設備・人員計画など）、生産統制を行う
	品質管理	製品および部品の品質保証を体系的に行っていく
	原価管理	予算内で管理する活動：原価維持 原価を低減する活動：原価低減
	設備管理	設備の稼働状況・保全性等を管理する （設備総合効率、MTTR、MTBF など）
	作業管理	作業統制、作業標準書、標準作業時間による管理 作業効率や安全性の改善・管理
	資材管理	購買管理、外注管理、在庫管理、物流管理 （生産計画、生産統制と連動させる）

◇ 管理の PDCA サイクルとは

　生産管理を行っていくうえでは、**PDCA サイクル**の考え方が重要です。これは計画（Plan）、実施（Do）、評価（Check）、対策（Act）の頭文字を取ったものです。

　管理が必要な業務は、「ただ実施すればよい」という考え方で取り組んではいけません。PDCA のサイクルを回しながら、継続的に改善していく必要があります。

PDCA サイクル

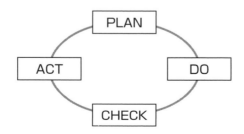

6 受注の仕方による生産形態の分類

生産形態は受注の仕方によって分類できます。受注生産と見込生産、半見込生産およびそれらの違いについて学んでおきましょう。

◇ 受注の仕方による分類

　生産形態を受注の仕方によって大まかに分類すると、①受注生産、②見込生産およびそれらの中間の③半見込生産があります。

　基本的な考え方として、お金の流れ（キャッシュフロー）と顧客への対応スピードを考慮すると、在庫が少なく、受注から納入までのリードタイムが短いことが望ましいです。

　しかしながら、それぞれの生産形態を選択したときの在庫量とリードタイムにはトレードオフ（相反）の関係があるので、自社の製品の特徴など様々なことを考慮して生産形態を選択することが重要です。

　それぞれの生産形態の定義と特徴を以下に示します。

①受注生産

・顧客が定めた仕様に従い、受注してから生産を開始する。

・受注してから製品設計を行う場合が多い。

・在庫（仕掛）量はほとんどないが、リードタイムは長い。

【例】船舶、産業機械、大型プラントなど

②見込生産

・生産者が市場の需要を見越して企画・設計した製品を生産。

・不特定な顧客を対象として出荷する形態。

・リードタイムは短いが、在庫（仕掛）量が多くなる。

【例】家電、加工食品、消耗品など

③半見込生産（BTO＊生産など）

・途中までを見込生産で製造し、ある程度の形になった状態（半製品）で在庫を持つ。

・最終的に受注があったときに半製品を活用して生産・組立をする形態。

・在庫を持つポイントのことを「デカップリングポイント（decoupling point）」と呼ぶ。

【例】パソコンなど（Dell社のパソコン生産方式が有名）

＊**BTO**　Build to Orderの略。

受注の仕方による生産形態の分類

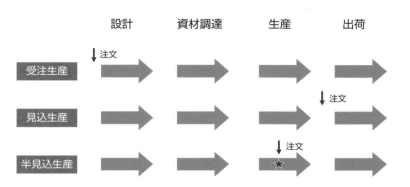

★：デカップリングポイント
　（在庫を持つポイント）

生産形態と在庫量およびリードタイムの関係

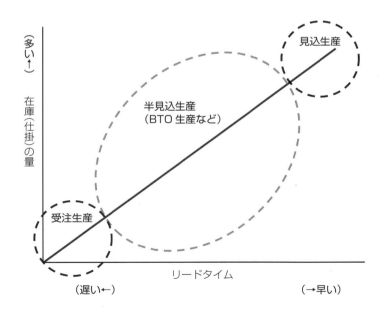

生産システム

生産品種と生産量による生産形態の分類

生産品種と生産量による生産形態の分類について学んでいきましょう。近年、多品種を少しずつ生産する方式（多種少量生産）の形態が増加しているので、押さえておきましょう。

◆ 生産品種と生産量による分類

　生産形態を生産品種と生産量によって大まかに分類すると、①少種多量生産、②多種少量生産およびそれらの中間の③中種中量生産があります。前節で述べた、受注の仕方による分類との関係にも注目してください。

　それぞれの定義と特徴を以下に示します。

①少種多量生産

・少ない品種をそれぞれ多量に生産する形態。

・見込生産に適している。

②多種少量生産

・多くの品種を少量ずつ生産する形態。

・顧客のニーズが多様化する中で、増加しつつある生産形態。

・受注生産に適している。

③中種中量生産

・少種多量生産と多種少量生産の中間の生産形態。

・半見込生産に適している。

受注の仕方および生産品種・量と生産形態の関係

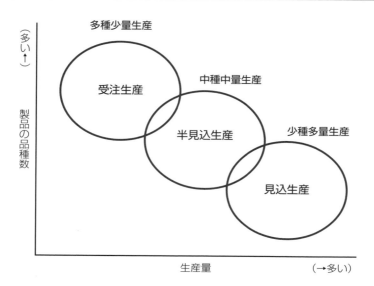

（多い↑）

製品の品種数

多種少量生産

受注生産

中種中量生産

半見込生産

少種多量生産

見込生産

生産量　　　　　　　　（→多い）

出題傾向のポイント

受注生産と見込生産の定義の出題が多いです。定義を覚えておきましょう。

受注生産：顧客が定めた仕様の製品を、生産者が受注してから生産する形態

見込生産：生産者が市場の需要を見越して企画・設計した製品を生産し、不特定な顧客を対象として市場に出荷する形態

8 製品の流し方による分類

生産ラインというと、自動車産業などでのライン生産（連続生産）の様子をイメージする方が多いと思います。そのほかにはどのような生産形態があるのでしょうか。「部品の流し方」に注目して学んでいきましょう。

◇ 部品の流し方による分類

生産形態を製品の流し方で分類すると、

①個別生産
②ロット生産
③連続生産
④セル生産

といった方式があります。

①個別生産方式
・個々の注文に応じて、その都度1回限りの生産を行う。
【例】船舶、産業機械、プラントなど（受注生産品に多く見られる）

個別受注を受けたあと、設計・製造します。

②ロット生産方式 (バッチ生産方式ともいう)

・品種ごとに生産量をまとめて、複数の製品を交互に生産する形態。

・まとめる数量 (ロットサイズ) が、工程間の仕掛品の量や停滞時間に影響する。

【例】プラスチック部品の射出成型、熱処理や表面処理部品など

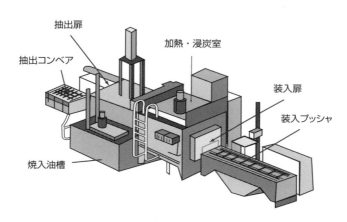

③連続生産方式 (フローショップ型、ライン生産方式)

・同一の製品を一定期間続けて生産する形態。

・近年、複数製品を1つのラインで連続生産する形態が増えている。

【例】食品、消耗品など (見込生産品に多く見られる)

④セル生産方式

・1人または数人の作業者が「セル」と呼ばれる小規模な単位で生産を行う。

・ステーション（屋台）内で、1つの製品の組み立て作業が完結する。

【例】パソコンなどの家電、自動車部品など

 COLUMN

3H（初めて、変更、久しぶり）

「初めて」、「変更のあった」もしくは「久しぶり」の作業や状況のことを、それぞれの頭文字をとって3Hといいます。

この状況のどれか、もしくは複数が当てはまる場合には、ミスや失敗が発生しやすいといわれています。事故や品質不具合が起きる可能性が高まるのは、このようなときです。

皆さんも、仕事や作業を始める前に「今日、3H作業はないだろうか？」と自問してみることをおすすめします。3H作業に十分注意すれば、様々な問題を未然に防ぐことができます。

9 コンカレントエンジニアリング

製造業での開発から製造までの効率的な進め方として、コンカレントエンジニアリングが広まりつつあります。この方法では各部門の連携が非常に重要です。

◇ コンカレントエンジニアリングとは

　従来の製造業での仕事の進め方としては、「開発・設計が終わったら試作を開始し、試作が終わったらそのテスト結果をもとに設計変更や修正を実施、最終的に製造を行う」という流れが一般的でした。一見、当たり前の仕事の進め方のようにも見えるのですが、この方法では開発から製造完了までのリードタイムがどうしても長くなってしまいます。また、後工程でトラブルが発生すると、前工程へ戻ってやり直す手戻りが生じて、リードタイムがさらに伸びてしまいます。例えば、試作段階で不具合が判明した際、すでに開発は完了しているので、不具合のフィードバックに時間がかかってしまうのです。

　このような問題を解決するために考え出された仕事の進め方が、コンカレントエンジニアリング（concurrent engineering）です。

　コンカレントエンジニアリングは、「製品開発における複数の工程を並行して進めることで、リードタイムを短縮できる」という考え方です。さらに、並行して進めているので、後工程で発生した不具合や改善すべき点を直ちに前工程にフィードバックできるという特徴があります。例えば、試作段階で不具合が発生したとき、設計がまだ完全には終わっていないので、不具合対策を設計に反映しやすいのです。また、リードタイムが短くなるので、必然的に開発コストの低減につながるというメリットもあります。

　このように述べるといいことずくめのようですが、このやり方で仕事をうまく進めるためには各部門の連携が非常に重要となります。そのため、コンカレントエンジニアリングを継続するには開発責任者の強い意志が必要です。

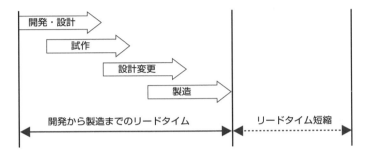

◇ デジタルエンジニアリングとあわせて考える

　コンカレントエンジニアリングと相性のよい仕事のスタイルに、「デジタルエンジニアリング」というものがあります。これは、3D-CADやCAM（コンピューター支援製造）、CAE（コンピューターによる工学支援システム）、3DプリンターやIoT、AIなどの技術を活用したモノづくりのスタイルです。

　なぜ、デジタルエンジニアリングはコンカレントエンジニアリングと相性がよいのでしょうか。例えば3D-CADを使って、3Dで設計するとします。3Dモデルを活用すれば、設計段階で部品間の干渉の確認や強度解析などを容易に行うことができます。また、試作の際に3Dプリンターを活用しやすくなるので、試作に必要な時間が短くなります（3Dプリンターなどを活用して素早く試作する考え方を、ラピッドプロトタイピングといいます）。

　こういった手法を活用すれば、開発・設計中であっても必要時に短時間で試作を繰り返し、見つかった問題を素早く設計変更にフィードバックできます。このような仕事のスタイルは、コンカレントエンジニアリングと非常に相性がよいのです。

トヨタ生産方式

世界的に研究・採用されている生産方式としてトヨタ生産方式があります。ビジネス・キャリア検定では直接的に出題されたことはないものの、生産管理担当者としては必ず覚えておきたい内容です。

◆ トヨタ生産方式の概要

トヨタ生産方式 (TPS) は、徹底した無駄の排除の思想のもとに、「自働化」と「ジャストインタイム」を柱として確立された生産方式です。

❶自働化

ここで、「自働化」の「働」にニンベンがついている (「動」ではなく「働」が使われている) のがポイントです。「自動化」はオートメーションというイメージが強い言葉です。しかし、トヨタ生産方式では「自働化」と表現することで、単なるオートメーション化とは明確に区別しています。

自働化とは、「異常が発生したら機械が直ちに停止して、不良品をつくらない」という考え方です。そのためには、機械に現場の知恵や工夫を施す必要があります。

トヨタは戦前、自動織機をつくっていた時代に、「糸がなくなったり切れたりしたとき、自動的に織機が停止する」機構を持たせていました。このときの考え方が「自働化」につながっています。

❷ジャストインタイム

ジャストインタイム (JIT) は、「各工程が、後工程の要求に合わせて、必要なものを必要なときに必要な数だけ流れるよう、停滞なく生産する」という考え方です。後工程の要求に基づいて生産するので、「プル生産方式 (後工程引取)」の一種だといえます。こうすることで、つくりすぎや無駄な在庫の発生を回避できます。ジャストインタイムの前提条件として、「平準化」が挙げられます。平準化は、生産の量、種類、時間のバラツキをなくす考え方です。ジャストインタイムを実現する手法として「かんばん方式」があります。

◆ 7つのムダ

　トヨタ生産方式には「7つのムダ」という考え方があります。7つのムダは次に示すとおりです。

①つくりすぎのムダ
②手待ちのムダ
③運搬のムダ
④加工そのもののムダ
⑤在庫のムダ
⑥動作のムダ
⑦不良をつくるムダ

　この中で最も問題なのは「つくりすぎのムダ」だとされています。「つくりすぎる」と、余分な製作費用がかかるだけでなく、運搬や保管など本来不要な作業が発生してしまいます。さらには、在庫も増加してしまいます。したがって、つくりすぎないようにすることが最重要課題なのです。
　このような「7つのムダ」の考え方は、トヨタ生産方式に限らず、生産現場の改善を進めていくうえで基本となるものです。

◆ かんばん方式とは

　かんばん方式は、ジャストインタイムを実現するための手法です。この方式では、「後工程の要求をもとに、必要な量を必要なときに生産する」ことを正確に行うため、「生産指示かんばん（仕掛けかんばん）」と「引取かんばん」を活用します。かんばん方式はトヨタ生産方式の中核となる手法です。

出題傾向のポイント

　　トヨタ生産方式が直接出題されるケースはありません。しかしながら、この
　方式の中で示されている考え方は生産管理の根幹部分であり、知っていれば
　全体の理解が高まります。

試験対策問題

試験対策問題

次の設問に○×で解答しなさい。

【設問】

（1）製品設計における基本設計には、意匠設計と機能設計が含まれる。

（2）製品開発プロセスの各段階で関連部署が参画するデザインレビュー（DR）を行えば、以降の問題に対して適切な対策をとりやすい。

（3）調達物流とは、最終製品を市場に提供するための物流である。

（4）受注生産では、生産者が市場の需要を見越して企画・設計した製品を生産し、不特定な顧客を対象として市場に出荷する。

（5）セル生産方式では、1人または数名の作業者がセル（または屋台）と呼ばれる小規模な作業ステーションで1つの製品を自己完結的に生産する。

（6）部品構成表（BOM）のうち、製造部門で活用されるものを設計部品表という。

【正解と解説】

（1）○

記載のとおり。

（2）○

記載のとおり。

（3）×

最終製品を市場に提供するための物流は「販売物流」という。

（4）×

記載の内容は、見込生産の定義である。

（5）○

記載のとおり。

（6）×

BOM（Bill of Materials）のうち、設計部門で使用されるものを「設計部品表」、製造部門で使用されるものを「製造部品表」という。

memo

第 ② 章

製品企画

　本章では、製造業の起点となる製品企画について学びます。製品企画は、顧客満足の確保と企業の利益を達成するための重要なステップです。

　製品の機能とコストについて追求していく価値工学（VE）についても学びます。VEはアメリカで始まった手法ですが、日本の製造業においても製品企画段階で積極的に活用する企業が増えつつあります。

① 製品企画

製品企画の目的とは何でしょうか。経営戦略と製品企画の関係や原価企画の考え方について学んでいきましょう。

◇ 製品企画の目的

製品企画の目的は、(1) 顧客満足の確保と (2) 企業利益の確保を達成することです。

顧客満足の確保をしようとすると、「より安く、よりよいものを」提供したいと考えます。しかしながら、機能・品質・価格はトレードオフの関係にあります。例えば、価格を抑えようとすると品質や機能を下げざるを得なくなります。また、品質を上げようとするとコストが上がり、顧客に提供する際の価格が高くなってしまいます。このような関係にあるので、これらのバランスをとりつつ高い顧客満足度を確保するための調整が必要となります。

機能・品質・価格のトレードオフ関係

企業利益の確保のためには、利益を確保できる価格設定にしなければなりません。利益を確保しなければ、企業は継続的な発展ができないからです。しかしながら、「製造原価に利益を上乗せして売価を決定する」という考え方では、市場に受け入れられない価格になってしまいがちです。そのため、「売価は市場が決める」という考え方を常に持って、製品企画をしていきます。

◇ 製品の分類

　製品企画を進めるにあたり、製品を製品特性から①生産財と②消費財に、また使用者の面から③汎用品と④特注品に分類できます。

①生産財
・生産者が製品やサービスを生産するために必要なもの。
・原材料、部品、設備など。

②消費財
・日常生活を送るために使用、消費される製品。
・個人や家庭生活で使われる。

③汎用品
・使用者を限定しない製品。
・ほとんどの消費財と一部の生産財が該当する。

④特注品
・特定の使用者のために生産する製品。
・一部の消費財と多くの生産財が該当する。

◇ マーケティングと価格設定

　マーケティングとは、製品やサービスが売れる仕組みをつくっていくことです。「製品の認知度を上げる」、「市場に受け入れられる適切な価格設定をする」、「販売方法を確立していく」といったことが含まれます。

　ここでは価格設定について見てみましょう。価格設定の手法には、①**プロダクトアウト型**、②**マーケットイン型**の2つがあります。

　プロダクトアウト型の価格設定とは、「製品の原価や販売にかかわる経費に利益を上乗せする」形で売価を決めていくことです。この方法では製造者の「都合」によって価格が設定されるため、市場から受け入れられにくい価格設定となってしまう場合があります。

　一方、マーケットイン型の価格設定では、「売価は市場が決める」、「どれくらいの価格であれば消費者が購入してくれるか」という視点で売価を決定します。近年はマーケットイン型の価格決定が主流となっています。

◇ 損益分岐点による価格設定

プロダクトアウト型とマーケットイン型のどちらを選択するにしても、価格設定における重要な視点として損益分岐点という考え方があります。

損益分岐点は、発生する費用を固定費と変動費に分けて考えます。**固定費**とは、人件費、減価償却費、家賃、水道光熱費、通信費など「生産数量にかかわらず発生する一定の費用」を指します。一方の**変動費**は、原材料、外注費、販売手数料など「生産数量に比例して大きくなる費用」を指します。製品のコストは「固定費の上に変動費が上乗せされる」構造となっています。このとき、利益が出始める最小の売上高（販売数量）のことを**損益分岐点**といいます。

事業として成立させるため、製品の価格設定にあたっては損益分岐点を十分に意識することが大切です。

費用・利益の構造と損益分岐点の考え方

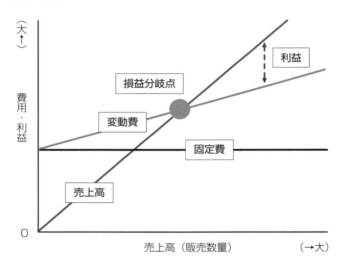

出題傾向のポイント

製品開発では「機能」「品質」「価格」がトレードオフの関係になることが、よく狙われます。バランスよく開発していく必要があります。

価値工学 (バリュー・エンジニアリング)

価値工学 (VE) は、製品企画段階から使用され、製品の価値を向上させるために、コストと機能を追求する手法です。近年は、製造業、サービス業、建設業など幅広い業種で採用が進んでいます。その基本と実施手順について学びましょう。

◇ 価値工学 (VE) とは

価値工学 (Value Engineering : VE) は次のように定義されています。

最低のライフサイクル・コストで、必要な機能を確実に達成するために、製品やサービスの機能的研究に注ぐ組織的努力

(日本バリュー・エンジニアリング協会による定義)

製品やサービスの「価値 (Value)」を、それが果たすべき「機能 (Function)」とその実現に必要な「コスト (Cost)」の関係で整理し、決められた手順 (VE実施手順) や原則に従って「価値の向上」を図っていく手法です。VEでは、価値は次図の基本式で表現されます。

VE の基本式と価値向上の 4 パターン

$$V = \frac{F}{C}$$

V：価値 (Value)
F：機能 (Function)
C：コスト (Cost)

価値向上の 4 パターン

	パターン1	パターン2	パターン3	パターン4
機能	→	↑	↑	↑
コスト	↓	↓	→	↑

前ページの式からもわかるように、価値を上げる方法としては４つのパターンがあります。

パターン１：コストダウンを達成する
パターン２：機能をアップさせ、同時にコストダウンも達成する
パターン３：機能をアップさせる
パターン４：コストは若干アップしてしまうが、機能を大幅にアップする

◇ VE の適用業種範囲の拡大

VEは、1947年のアメリカGE社における「アスベスト事件」を契機に開発され、広まっていった手法です。その後、1960年代には日本でも製造業の資材調達段階で導入され、以降、幅広い分野で採用されるようになりました。

VEの活用が進んでいる業界は、機械、造船、航空機、鉄鋼、建設産業など多岐にわたります。

◇ VE 5原則

VEでは、次の５原則を念頭に置いて活動を進めていきます。

（1）使用者優先の原則
（2）機能本位の原則
（3）創造による変更の原則
（4）チームデザインの原則
（5）価値向上の原則

◇ VE 実施の手順

VEの実施に際しては、決められた手順が明確化されており、どの手順も勝手に省略してはいけません。3個の「基本ステップ」、10個の「詳細ステップ」、7個（6種類）の「VE質問」から構成されています。

VE 実施手順と VE 質問*

基本ステップ	詳細ステップ	VE 質問
機能定義	①VE 対象の情報収集	それは何か？
	②機能の定義	その働きは何か？
	③機能の整理	
機能評価	④機能別コスト分析	そのコストはいくらか？
	⑤機能の評価	その価値はどうか？
	⑥対象分野の選定	
代替案作成	⑦アイデア発想	他に同じ働きをするものはないか？
	⑧概略評価	そのコストはいくらか？
	⑨具体化	それは必要な機能を確実に果たすか？
	⑩詳細評価	

効果的な問題解決への加工工程であると捉え、
どのステップも**省略せず**に進めることが大切である

◇ VE の適用段階

　当初、VE 活動の多くは、製品の開発や製造が始まったあと、あるいは市場に出回ったあとの段階から行われていました。この方法を**セカンドルック VE** と呼びます。この方法でもコストダウン活動としては有効なのですが、価値の大幅な向上は望めないということがわかってきました。

　そのため近年は、製造や流通が始まる前に実施される VE が盛んになりつつあります。これには、製品企画段階に行う**ゼロルック VE**、設計試作段階に行う**ファーストルック VE** があります。一般的に、VE 活動は早い段階でスタートする方が効果的だといえます。そのため、製品企画段階でゼロルック VE を行えるように計画するのがよいでしょう。次ページの図に、ビジネスプロセスと適用される VE のステップとの関係を示しています。

＊…**VE 質問**　『新・VE の基本』（土屋裕監修、産業能率大学出版部、1998 年）の「VE 実施手順」p.41 を引用・一部改変して作成。

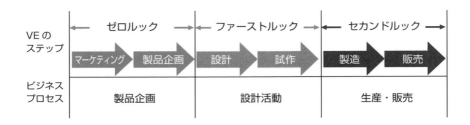

VE のステップとビジネスプロセスの関係[*]

VE の ステップ	← ゼロルック →		← ファーストルック →		← セカンドルック →	
	マーケティング	製品企画	設計	試作	製造	販売
ビジネス プロセス	製品企画		設計活動		生産・販売	

◇ VE についてより深く学ぶには

　VEの手法は「本を読んで勉強する」という部類のものではありません。学ぶと同時に実践しながら身につけていくタイプの手法です。VE手法をマスターする効率的な方法は、「VEリーダー」の資格を取得することです。

　VEリーダーの取得のためには、実技を伴う実践的な2日間の講習を受けたのち、認定試験に合格する必要があります。この過程で、VEの基本的な考え方や手法を身につけることができます。比較的容易に取得できる資格なので、ぜひ挑戦してみてください（筆者は、本書の執筆に取りかかる直前に、VEリーダーを取得しました）。

出題傾向のポイント

　VEは、上流側（製品企画段階）から適用する方が効果が大きいとはいえ、設計、製造段階など、すべての段階で適用を開始することが可能です。このことが試験に出題される場合もあるので、覚えておきましょう。

＊…とビジネスプロセスの関係　『生産管理BASIC級』（渡邊一衛監修、　社会保険研究所、2016年）の「VEのステップとビジネスプロセスの関係」p.37を引用。

試験対策問題

次の設問に〇×で解答しなさい。

【設問】

(1) プロダクトアウト型の価格決定では、1個つくるのにどれだけ原価がかかるのか、また販売にかかわる経費や利益率など、企業側の都合を優先した価格決定を行う。

(2) 製品の品質は高ければ高いほどよいので、製品企画においては品質を中心に考えるとよい。

(3) VEにおいては、機能が大幅に上昇するのであれば、コストがアップしても総合的に価値が向上することがある。

(4) 設計・試作段階で行われるVE活動のことをゼロルックVEという。

【正解と解説】

(1) 〇

　記載のとおり。

(2) ×

　製品の機能、品質、価格（コスト）はトレードオフの関係にあり、バランスをとりながら顧客満足度を向上させる必要がある。

(3) 〇

　記載のとおり。VEでは、価値が向上する形態として4パターンがある。

(4) ×

　設計・試作段階で行われるVE活動はファーストルックVEである。

memo

第 ③ 章

工程管理

　工程管理は、納期と生産数量を適切に管理するための活動
であり、生産管理の業務の中でも代表的なものです。生産管
理部門に配属された方は、必ず経験する業務の１つです。こ
こでは、工程管理の考え方、工程編成、生産統制、生産計画に
ついて学んでいきます。また、分析手法として大切なIE手法
の基礎を押さえておきましょう。

　ビジネス・キャリア検定では、本章の範囲が最も出題頻度
が高いです。時間をかけて勉強されることをお勧めします。

工程管理の概要

工程管理とは、納期を遵守しながら必要な生産数量を確保する活動のことです。また、生産期間（リードタイム）を短縮することが課題となる場合があります。

◇ 工程管理の概要

工程管理で特に注目されるのは、QCDのうちのD（納期）です。つまり、「要求された納期を遵守しながら、必要な生産数量を確保する」ことが最も大きな目的となります。この目的を達成するために、(1) 生産計画および (2) 生産統制を2つの柱として管理に取り組みます。

(1) 生産計画

主に生産の日程および工数を計画します。

(2) 生産統制

生産計画に従って日々の管理業務（製作手配、作業手配、作業統制、事後処理）を遂行することです。

◇ リードタイムとは

工程管理では「リードタイム」という言葉が頻繁に出てきます。
製造業でいうところのリードタイムは、一般に次の①〜④のいずれかを意味します。

①設計に必要な期間：設計リードタイム
②資材調達に必要な期間：資材調達リードタイム
③生産に必要な期間：生産リードタイム
④納入に必要な期間：納入リードタイム

業務でリードタイムという言葉を使うときは、どの意味なのかを明確にしないと、誤解が生じることもあります。例えば、扱っているリードタイムが「生産リードタイム」なのか「納入リードタイム」なのかによって、前提条件が大きく変化するので注

意が必要です。また、次図にあるとおり、「生産リードタイム」や「納入リードタイム」は複数の意味で使われるので、どの意味なのか明確にしておかなくてはなりません。

製造業におけるリードタイムの種類とその呼び方の例*

設計リードタイム　資材調達リードタイム　生産リードタイム　納入リードタイム

生産リードタイム

納入リードタイム

COLUMN 生産管理部門への配属は第一希望ではなかった!?

若手社員や新卒社員で生産管理部門に配属された方は、「生産管理部門は第一希望ではなかった」という方が多い印象を受けます。確かに製造業の中では、設計部門や製造部門が花形のように思えるかもしれません。しかし、生産管理は非常にワクワクする楽しい仕事です。

その「楽しい」イメージがよくわかる面白い小説があります。それは、生産管理のTOC理論を題材にした『ザ・ゴール』(本章90ページで紹介)いう本です。

この本では、業績が悪くて潰されそうになった工場がどのように復活していくか、そして、生産管理の手法がどのようにかかわっているのかが、ドラマチックに描かれています。

この本を読めば、生産管理の仕事にやりがいを感じることができると思います。生産管理部門に配属された方に、ご一読をおすすめします。

---

*…とその呼び方の例　『生産計画』(本間峰一、北島貴三夫、葉恒二著、日本能率協会マネジメントセンター、2004年)の「さまざまなリードタイム」p.29を一部改変して作成。

工程管理

生産計画の概要

生産計画では、どのように日程を計画するのでしょうか。3種類の日程計画、スケジューリングの考え方について学びます。

◇ 3つの日程計画

　生産計画では、目的に応じて、**大日程計画**、**中日程計画**および**小日程計画**と呼ばれる3種類の日程計画を作成します。最初に大日程計画を立案したあと、中日程計画、小日程計画の順に落とし込んでいきます。下図は、それぞれの計画の対象期間や目的をまとめたものです。

生産計画で扱われる3つの日程

大日程	半年～1年間程度の計画
	①調達期間の長い資材
	②大きな設備計画・配置
	③人材の計画（採用・教育）

中日程	1～3か月程度の部門別計画
	①調達期間の短い資材
	②小さな設備計画・配置
	③人材の計画

小日程	1日～数週間程度の小単位別計画
	①作業内容・時間の詳細計画
	②具体的な進捗管理
	（ガントチャートなどを使用）

このように、目的に応じて生産計画の期間やメッシュ（刻み幅）を使い分けながら、3種類の日程計画を作成していきます。

大日程計画の情報には、会社のほとんどの部門にまたがって必要とされ、共有されるものが多いです。製造部門や調達部門だけでなく、労務部門、開発部門などでも使用されます。そして、下位の計画（中日程、小日程）になるに従って、計画のメッシュが細かくなり、その情報を必要とする部門が少なくなってきます。

特に小日程計画は、現場のグループや班あるいは1人の作業者、1つの設備にまで落とし込んだ計画となっているので、製造部門以外でそこまで作成するケースはあまりありません。

◇ ローリング計画

皆さんは仕事をしていくうえで、何らかの計画を立てていると思います。しかしながら、何らかの事情で計画どおりにいかないことの方が多い、というのが実態ではないでしょうか。そのため、最初の計画を変更せざるを得ないことも多々あります。ローリング計画は、一定の期間ごとに計画の進捗状況をチェックし、その状況を考慮して、計画の見直しや改定をしていく、という考え方です。

下図の例では、年間計画を立てたあと、四半期が経過するたびに計画の見直しをしています。このように、実際の進捗状況に応じて計画を修正すれば、より現実にマッチした計画のもとで仕事を進めることができます。

ローリング計画の例

当初の年間計画

4半期(Q)ごとに計画の見直し　1Q経過後

2Q経過後

◇ フォワードスケジューリングとバックワードスケジューリング

スケジューリングには2通りの考え方があります。

(1) フォワードスケジューリング

着手予定日（着手可能日）を基準とし、工程順序に沿って予定を組んでいく方法です。

(2) バックワードスケジューリング

完成予定日や納期を基準とし、工程順序とは逆方向に予定を組んでいく方法です。

さらに、これらを組み合わせて、スケジューリングの精度や妥当性をより高めることを狙った「バックワードフォワードスケジューリング」という方法もあります。

フォワードスケジューリングとバックワードスケジューリング

フォワードスケジューリング

着手日　　　　　　　　　　　　　　　　　　　　　完了日

バックワードスケジューリング

着手日　　　　　　　　　　　　　　　　　　　　　完了日

出題傾向のポイント

　フォワードスケジューリングおよびバックワードスケジューリングの考え方の違いを試験で問われることが多いです。概念をしっかりと理解しておきましょう。

③ 工数計画の概要

仕事量を計画していくことを**工数計画**といいます。工数の算定から工数山積み表の作成、山崩しまでの一連の流れに沿って、それらの方法を学びましょう。

◇ 工数とは

　生産管理分野では、**工数**と呼ばれる言葉がよく出てきます。これは、作業者もしくは機械・設備の延べ作業時間のことです。単位としては、人日（man-day）、人時間（man-hour）、人分（man-minute）がよく用いられます。実務では、"人"を省いて単に「時間」といったり、**マンアワー**と呼んだりすることが多い印象です。

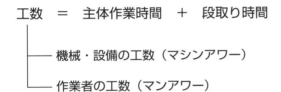

工数の考え方

```
工数  ＝  主体作業時間  ＋  段取り時間
  │
  ├── 機械・設備の工数（マシンアワー）
  │
  └── 作業者の工数（マンアワー）
```

＊時間の単位は、日・時間・分など場合によって使い分けられる

　「工数」という考え方を使えば、仕事量の管理が容易になります。自社の持っている生産能力に対して、どのくらいの仕事量を抱えていて、仕事量が多すぎる（少なすぎる）ラインや設備、作業者がないかどうか判断することが可能になります。

　この判断結果によっては、仕事量を調整する「山崩し」が行われることがあります。このプロセスは、生産管理部門の業務の中で非常に重要なものです。このあと、具体的な例を用いて考えていきましょう。

◆ A 社の残業時間管理

　A社の商品Xは売れ行きが好調で、1日当たり300個生産しなければなりません。次の条件のとき、作業者は1日当たり何時間の残業をする必要があるでしょうか?

①生産数量:300個/日
②1つ製作するのに必要な時間 (標準時間):6分
③作業者数:3名
④標準労働時間/日:8時間

(1) 負荷工数 (仕事量) の計算

　製品を製作するのに必要な仕事量を**負荷工数**と呼びます。製品Xの負荷工数は次のように表されます。

$$負荷工数 \ = \ 単位期間当たりの生産数量 \ \times \ 標準時間$$
$$= \ 300個/日 \ \times \ 6分 \ = \ 1,800分 (30時間)$$

　ここで、商品Xの1日あたりの負荷工数が<u>30時間</u>であることがわかりました。

(2) 残業時間の計算

　A社の標準労働時間は8時間ですから、定時内の生産能力は24時間です。

　①8時間/人　×　3人　=　24時間

　負荷工数が30時間であるのに対し、生産能力は24時間しかありません。つまり、生産能力が6時間分だけ足りていません。

　②30時間　-　24時間　=　6時間

　この6時間を3人の作業者で分担して作業すると、1人当たりの残業時間は2時間となります。

　③6時間　÷　3人　=　2時間/人

◇J社の設備ごとの負荷工数とその対策

J社は製品X、Y、Zという3種類のラインナップを持っています。これらの製品はそれぞれ、設備A➡B➡Cの流れで生産します。以下の条件のとき（時間の単位はすべてH〈時間〉）、それぞれの設備の負荷工数を計算して、そこから何がわかるでしょうか？

①月間生産数量　X：15個、Y：15個、Z：25個
②設備の稼働時間：8時間／日
③月間の工場稼働日数：20日
④設備台数：A、Bは1台ずつ、Cは2台
⑤1つ製作するのに必要な時間（標準時間）：次表のとおり

		製品X	製品Y	製品Z
標準時間(H)	設備A	3	4	2
	設備B	3	2	4
	設備C×2台	5	5	7

（1）各設備の月間負荷工数（仕事量）の計算

月間製作個数と標準時間の表から設備ごとの負荷工数を計算すると、次表のようになります。

		製品X	製品Y	製品Z	合計
負荷工数(H)	設備A	45	60	50	155
	設備B	45	30	100	175
	設備C×2台	75	75	175	325

（2）設備ごとの生産能力の計算

それぞれの設備の生産能力（月間稼働時間）は次のとおりです。

設備AおよびB ： 8時間 × 20日 ＝ 160時間
設備C ： 8時間 × 20日 × 2台 ＝ 320時間

（3）工数山積み表の作成

　それぞれの設備の負荷工数をグラフにして、「工数山積み表」（慣例として「表」と呼んでいます）を作成します。工数山積み表には、それぞれの設備の生産能力が示されています。そのため、現状の各設備の負荷工数と生産能力の関係から、「能力不足」「仕事量不足」などを直感的に捉えることができます。

　J社の場合、設備Aは仕事量不足（余力がある）、設備CおよびBは能力不足です。このようなケースでは、負荷工数と生産能力ができるだけ一致するように、「山崩し」と呼ばれる作業を行うことがあります。

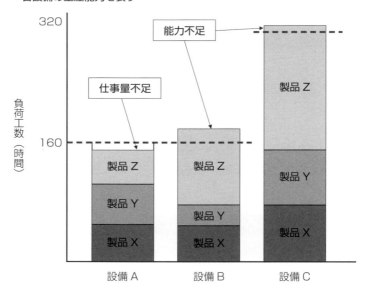

J社の工数山積み表

ーーー：各設備の生産能力を表す

　ここで設備ごとの工数山積み表を作成しました。工数山積み表はライン別、職場別や作業者別など、様々な範囲で作成できるので、ケースによって使い分けてください。

◇山崩し

　山崩しとは、「負荷工数と生産能力のギャップがある場合に、それをできるだけ小さくしていく作業」のことです。このギャップが小さくなれば、次の2点を達成することができます。

①要求生産量を確実に生産
②自社の生産のリソース（作業者や生産設備）を有効に活用

　山崩しの具体的な作業としては、以下のものが挙げられます。

(1) 生産能力が足りない場合
・就業時間・稼働時間の延長
・作業者や設備を増やす
・一部を外注化する
・作業効率の改善
・他部門からの応援をもらう

(2) 生産能力が余っている（余力がある）場合
・他職場への応援
・就業時間の短縮
・人員や設備の削減
・他の仕事の取り込み
・外注工程の一部を社内工程に取り込む

◇工数計画時の注意点

　ここで取り上げた事例は非常にシンプルなものでした。しかし、実際の生産現場では、不良の発生、作業者の急な病欠、設備の故障や機能低下など、工程が遅れる原因はたくさんあります。また、改善活動により生産能力が向上するケースもあります。様々な状況に臨機応変に対応しながら工数計画の立案・実施・修正を行っていく必要があります。

4 工程編成

工程編成の基本、ライン編成効率およびラインバランシングの考え方について学んでいきましょう。

◇ 工程編成の基本

工程編成は、①工程設計、②作業設計、③工程間の物流設計、④レイアウト設計の順で行われます。工程編成のタイプとしては次表のものがあります。扱う製品に応じて、それぞれの会社で適切なタイプを選択します。

工程編成のタイプ	
工程編成のタイプ	内容
ライン編成	いわゆる「流れ作業」のタイプで、製品を人の手で送る「手送り式」、ベルトコンベアのような機械で送る「コンベア式」や「タクト式」などがある。
グループ式編成	同種や類似の機械・設備・職場をまとめて配置する。
固定式編成	製品を1か所に固定し、そこに機械や作業者や工具が移動してきて作業を行う。

◇ サイクルタイムとは

サイクルタイムとは「生産ラインから製品が出てくる時間間隔」のことです。原理としては、次式で計算することができます。

サイクルタイム計算の式

$$サイクルタイム = \frac{正味作業時間の合計}{生産数量}$$

◇ 編成効率（ライン編成効率）

編成効率は、作業編成の効率性を表す指標です。**ライン編成効率**や**ラインバラン ス**と呼ばれることもあります。いくつかの工程から構成される生産ラインは、工程 ごとの作業時間を揃えるのが理想的ですが、どうしても完全に一致させることはで きません。そのため、「どの程度効率的なライン編成ができているか」を評価するた めに、編成効率を計算します。

編成効率の式

$$編成効率 \ = \ \frac{作業時間の総和}{作業ステーション数 \ \times \ サイクルタイム}$$

ライン編成効率が高いほど、効率的な作業編成ができているといえます。
　実際の例で計算してみましょう。次図のように、5つの工程から構成される生産ラ インがあります。このラインの編成効率を計算してみましょう。

5つの工程から構成される生産ライン

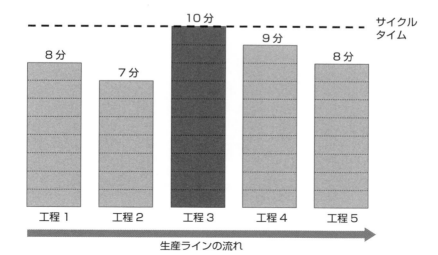

第3章 工程管理

61

　このラインの場合、サイクルタイムは最も作業時間の長い（≒ボトルネック工程になっている）「工程3」の10分となります。編成効率の式に当てはめて計算すると、84%であることがわかります。

$$\text{編成効率} \quad = \quad \frac{8+7+10+9+8}{5 \times 10} \quad = \quad 84\%$$

◆ ラインバランシング

　工程ごとの作業時間の構成を再編することで、編成効率を向上させることを**ラインバランシング**といいます。先ほどの生産ラインの例から考えてみましょう。

　作業時間が最も長い工程3の作業の一部を、前の工程2に移動させます。こうすることで、工程3の作業時間は10分から9分に、工程2の作業時間は7分から8分になりました。サイクルタイムは10分から9分に短縮され、結果として編成効率は93%にまで上昇しました。

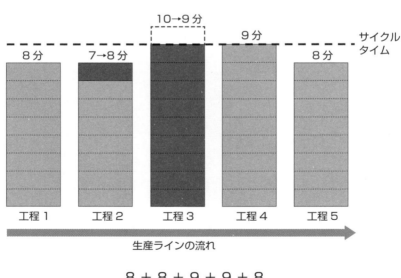

$$\text{編成効率} \quad = \quad \frac{8+8+9+9+8}{5 \times 9} \quad = \quad 93\%$$

ラインバランシング前は、10分ごとに1個の製品が完成していましたが、ラインバランシング後は9分ごとに1個の製品が完成するので、ラインが効率的に編成されたといえます。

◇ ラインバランシングの具体的な方法

計算上は、各工程の作業時間を完全に一致させれば理想的なラインバランスになるはずです。しかし、実際にラインバランシングを行う場合、作業の一部を他の工程に移すのは非常に難しいことが多いです。実際の作業は、秒単位で細かく分割することはできません。例えば計算上、「1本のボルトを締める時間を2つの工程に分ければ、編成効率が上がる」という状況があるかもしれません。しかしながら、そのような作業分割は実際には難しいですよね。このように、具体的にどんなふうにラインバランシングを行っていくかは、大きな課題となります。ラインバランシングをうまく行うためのアイデアとして、例えば次のようなことが考えられます。

①ボトルネックの工程には、最も熟練した作業者を配置する。
②作業改善により、ボトルネック工程の作業時間を短縮する。
③細かな作業分析を行い、他の工程へ移動できる作業を研究する。
④ボトルネック工程は並列工程化する。

出題傾向のポイント

工程編成およびラインバランシングの手順は、試験で毎年のように狙われるポイントです。確実に理解しておきましょう。
ラインバランシングの計算が出題されたことはありませんが、一度計算してみると本質が理解しやすくなります。ご自身で計算されてみることをおすすめします。

5 生産統制

生産現場で日々行われる、作業手配、進捗管理、余力管理、現品管理などの業務は**生産統制**と総称されます。これらの業務の内容を学んでいきましょう。

◇ 生産統制の基本

　小日程計画どおりに生産を進めようとしても、様々な要因で遅れなどが発生してしまうことがあります。内部的要因としては、例えば「設備が故障した」「作業者が欠勤した」などがあります。また、外部的要因としては「追加注文があった」「資材の入荷が遅れた」などがあります。

　計画に対する進捗状況を監視し、上記のようなずれがあった場合はその原因を調査して対策を施し、その効果を確認する――という機能を「生産統制」といいます。生産統制の業務は、主に現場の管理者や監督者が担当します。

小日程計画と生産統制の関係*

```
          小日程計画  ◀────────────────┐
              │                          │
              ▼                          │
             作業                        │
              │                          │
追加注文   外部 │ 内部   設備の故障         │
資材の入荷遅れ ──▶ ◀── 作業者の欠勤       │
              ▼                          │
           生産統制      計画に対して進捗状況は？
     ┌─ 進捗管理          ①現状の把握
     │  余力管理          ②計画との比較
     └─ 現品管理          ③ずれの是正 ──────┘
              │            ④ずれの原因調査
              ▼            ⑤対策
       納期・数量の確保     ⑥回復の確認
```

＊…と生産統制の関係　『生産計画』(本間峰一、北島貴三夫、葉恒二著、日本能率協会マネジメントセンター、2004年)の「小日程計画と生産統制」p.58 を一部改変して作成。

本書では、生産統制の機能をビジネス・キャリア検定（生産管理）での分類に従い、①作業手配、②進捗管理、③現品管理、④余力管理および⑤事後処理の順で解説します。

◇ 作業手配（差立）

生産計画が確定すると、帳票や伝票などで製作手配がかかります。これに基づいて、各工程や作業者に具体的な作業および準備の内容や開始・終了時間などを指示していくことを、**作業手配**（または差立）といいます。

◇ 進捗管理（進度管理）

進捗管理は、「仕事の進行状況を把握し、日々の仕事の進み具合を調整する活動。進度管理または納期管理ともいう」（JIS Z 8141-4104）と定義されています。進捗管理には（1）差立盤、（2）ガントチャート、（3）流動数曲線などが用いられます。

（1）差立盤

各作業者や作業グループなどに作業指示を出す帳票をまとめたものです。計画している作業とそれがどこまで進捗しているかを把握することができます。近年は電子的な方法（スクリーンに表示するなど）や帳票発行の形で行われることが多いです。

差立盤の一例

機械加工グループ差立盤

鈴木
6/1 作業内容
作業者名：鈴木
加工製品：歯車 Z
使用設備：旋盤 B
個数：5 個
作業予定時間：
8:00 ～ 11:00

佐藤
6/1 作業内容
作業者名：佐藤
加工製品：歯車 C
使用設備：ホブ B
個数：2 個
作業予定時間：
8:00 ～ 10:00

山田
6/1 作業内容
作業者名：山田
加工製品：歯車 Y
使用設備：焼入
個数：20 個
作業予定時間：
10:00 ～ 11:00

（2）ガントチャート

　横軸に時間軸、縦軸に作業者、設備、工程などを割り振ったものです。予定している作業の開始時期や完了時期を把握することができます。ガントチャートと実際の状況を比較すれば、計画に対しての進捗状況を把握できます。

ガントチャートの一例

歯車Ｚ制作	6月												
	01	02	03	04	05	06	07	08	09	10	11	12	13
	月	火	水	木	金	土	日	月	火	水	木	金	土
旋盤加工													
ホブ盤													
キー溝加工													
高周波焼入													
検査													

（3）流動数曲線

　主に連続生産方式の形態での進捗管理に用いられるもので、目標生産数に対して「前工程からの受入数」「実績生産数」がどのように推移しているかをプロットしたものです。「計画に対して実際の生産がどのように推移しているか」だけでなく、仕掛の数量や日数も把握できます。

流動数曲線の一例

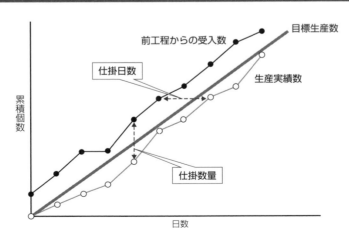

◇ 現品管理

　現品管理とは、「何が」「どこに」「どのくらいあるか」を把握し、コントロールすることです。対象となるのは資材、仕掛品、製品などです。簡単なことのように思われるかもしれませんが、特に多種少量生産形式では、同時に多種の品物が生産されているため、現品管理は難しいことがあります。日々の進捗の管理を確実にするとともに、見える化の活動などにより、計数を容易化することが重要です。また、運搬・保管方法の見直し、過剰な在庫や仕掛品を持たない、といった改善が必要です。

◇ 余力管理

　生産能力と負荷工数を比較したとき、その大小によって次のように表現できます。

①能力＞負荷　……能力過剰（余力があり、操業度が低下）
②能力＜負荷　……能力不足（納期遅れが発生する）
③能力＝負荷　……理想状態（バランスがとれている）

　「能力＝負荷」となっている状態が理想とはいえ、実際には「生産能力に対して適切な範囲で余力を残しながら、製造現場をコントロールする」というのが一般的です。余力管理は「負荷工数の予測値と実際の工数を考慮して、生産能力と負荷工数を適切な範囲でバランスさせていく」機能だといえます。

◇ 事後処理

　事後処理では、生産活動の結果を記録し、計画との差異を調査したうえで原因を分析・評価し、それらの対策を打ちながら、将来の生産計画を立てるためのフィードバックを行います。生産性測定指標としては、①生産性、②作業能率、③稼働率、④操業度、⑤歩留率、⑥適合品率などが用いられます。

出題傾向のポイント

　流動数曲線は連続生産方式で用いられる管理手法です。受注生産方式ではあまり用いられないことを覚えておいてください。試験でこのことが問われた例があります。

6 IE とその基本的原則

IE（インダストリアルエンジニアリング）は、科学的なアプローチで生産性を改善していく手法であり、製造現場で広く用いられています。その考え方や意義について学んでいきましょう。

◇ IE とは

IE *は、1900年代初期からテーラーとギルブレスという2人が研究して、世界中に広まったものです。テーラーが著した『科学的管理法の諸原理』は、IEの分野で最も古く有名な書籍です。なお、IEの日本語訳としては生産工学や**経営工学**などが用いられます。

IEは、科学的なアプローチで生産性を改善していく手法です。製造現場では、「改善手法といえばIE」といわれるほどよく使われます。

日本IE協会では、IEを次のように定義しています。

> IEは、価値とムダを顕在化させ、資源を最小化することでその価値を最大限に引き出そうとする見方・考え方であり、それを実現する技術です。仕事のやり方や時間の使い方を工夫して豊かで実りある社会を築くことを狙いとしており、製造業だけでなくサービス産業や農業、公共団体や家庭生活の中でも活用されています。（日本IE協会ホームページより）

◇ IE の対象となる仕事の区分

IEでは、様々な仕事を対象として生産性の向上に取り組んでいきます。ここで注意したいのは、IEでは仕事を様々なレベルで区分して考えるということです。次の図は、ある製品を製造する際の仕事を、いくつかの区分（単位作業、要素作業など、仕事の細分化レベル）で捉えたものです。

＊ **IE** Industrial Engineering の略。

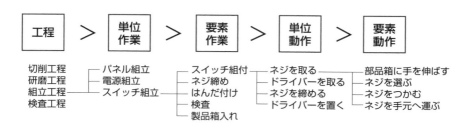

IEでは、それぞれの区分によって、適用する原則や分析方法が異なります。分析を始める前に、「自分がどの仕事区分の分析をしようとしているのか」を明確にするようにしましょう。

◇ ECRSの原則

「ECRSの原則」は、工程、作業や動作を対象とした改善の着眼点として用いられるものです。この原則を用いて改善を行う際、特に注意したいのは「〈なくせないか〉から順番に実施する」ということです。

ある作業や動作をまるごとなくすことができれば、それが最も効果の大きい改善になります。そうすると、改善のために考えていた様々なアイデアはすべて不要になります。ですから、最初に「なくせないか」の着眼点で改善を検討し、そのあとで順番にC➡R➡Sと進んでいくと効率がよいでしょう。

ECRSの原則とその実施手順*

実施順序	頭文字	英語	日本語
⬇	E	Eliminate	排除：なくせないか
	C	Combine	結合：一緒にできないか
	R	Rearrange	交換：順序の変更はできないか
	S	Simplify	簡素化：単純化できないか

*仕事の区分　『生産管理BASIC級』（渡邊一衛監修、社会保険研究所、2016年）の「仕事の区分」p.83を一部改変。

◇ 合理化の 3S

合理化の3Sは、「標準化、単純化および専門化の総称であり、企業活動を効率的に行うための考え方」(JIS Z 8141-1105) だと定義されています。次表のとおり「標準化」「単純化」「専門化」の英語の頭文字を取ったものであり、IEの原則として用いられます。

合理化の 3S

頭文字	英語	意味
S	Standardization	【標準化】 繰り返し共通に用いることのできる標準を設定し、それに基づき管理活動を行うこと
S	Simplification	【単純化】 設計、品種構成、構造、組織、手法、職制、システムなどの複雑さを減らすこと
S	Specialization	【専門化】 生産工程、生産システム、工場または企業を対象に特定の機能に特化すること

ただし、近年は多種少量生産型の生産方式をとることが多く、「とにかく専門化する」というのは現実的でない場合があるので要注意です。

なお、3Sというと「整理・整頓・清掃」が有名ですが、それとはまったく違うものなので注意してください。誤解を避けるために「合理化の3S」などと表記されることが多いです。

◇ 動作経済の原則

「動作経済の原則」は、作業者が最も合理的に作業を行うために適用される経験則です。この原則は「動作」という単位に着目しています。この原則は、3つの対象と4つの基本原則に分けられます。

● 3つの対象

①身体の使用
②作業場の配置
③設備・工具の設計

● 4つの基本原則

①動作の数を減らす

②両手を同時に使う

③動作の距離を短縮する

④動作を楽にする

　この3つの対象と4つの基本原則をマトリックスとして捉えて、具体的な改善案を出していく手法がよく用いられており、その一例を次表に示します。

動作経済の原則をマトリックスで考える*

対象 ＼ 基本原則	動作の数を減らす	両手を同時に使う	動作の距離を短縮する	動作を楽にする
身体の使用	不必要な動作をなくす	両手は同時に動かす、または止める動きとする	動作は最短距離となるように工夫する	楽な方向転換を行う。重力・慣性力・反発力などを利用する
作業場の配置	材料や工具を作業しやすい場所に置く	両手の同時利用ができる作業場の配置にする	作業域はできるだけ狭くする（円滑な動作ができる範囲で）	作業位置を工夫して楽に作業できるようにする
設備・工具の設計	2つ以上の工具や設備を1つに結合する	対象物を長時間保持する場合は、保持具を利用する	機械操作の動作距離が短くなるよう、最適な設計にする	運動経路を規制し動作を楽にするために治具、ガイドを活用する

出題傾向のポイント

　動作経済の原則は、対象や原則までをすべて覚えようとすると少々面倒です。①最も合理的に作業を行うための経験則だということ、②全体の概念——を覚えておけば、試験では間違えずに解答できるはずです。出題頻度が高く、得点源となるところなので、よく理解しておきましょう。

*…をマトリックスで考える　『すぐに役立つ生産管理の基本としくみ』（田島悟著、アニモ出版、2010年）の「マトリックスで考える」p.129を一部改変して作成。

◇ 5S

「5S」は、製造現場の管理の基本となる整理・整頓・清掃・清潔・躾をローマ字で表記した際の頭文字からできた言葉です。日本発ながら世界的に使用されるキーワードであり、世界中の工場に「5S」が掲示されています。

5Sのレベルが高い生産現場は、一般にその他の管理や現場のレベルも高いといわれます。例えば、現場の中に必要な工具のみが整然と配置されているため、作業効率が高くなります。また、不用品が置かれていないので、想定以上の仕掛在庫が滞留しているとき、管理者がすぐに発見することができます（目で見る管理）。生産設備の自主保全活動を行う際にも、5Sができている現場は有利です。

このように、5Sは生産現場の礎となる活動であるため、会社の幹部の協力のもと、現場の従業員が一体となって行う必要があります。近年は製造現場だけでなく、事務所、学校、病院などでも5Sの考え方が適用されている様子を見かけることがあります。

5S の各項目とその意味

項目	意味
整理	必要なものと不必要なものを区別し、不必要なものを片付けること
整頓	必要なものを必要なときにすぐ使用できるよう、決められた場所に準備しておくこと
清掃	必要なものについた異物を除去すること
清潔	整理・整頓・清掃が繰り返され、汚れのない状態を維持していること
躾	決めたことを必ず守ること

IE 手法

本節では、IE 手法の具体的な手法である工程分析、動作分析、時間研究、稼働分析の
4 つについて学びましょう。

◇ 工程分析

　工程分析は、製品、作業者、運搬過程を系統的に図記号で表して整理し、調査・分
析することです。工程図記号は次表のように定められています（JIS Z 8206）。こ
の分析を行うことで、ムダを発見したり、改善の方向性を見いだしたりすることが
できます。

工程図記号

番号	要素工程	記号の名称	記号	意味
1	加工	加工	○	原料、材料、部品または製品の形状、性質に変化を与える過程を表す
2	運搬	運搬	○ または ⇨	原料、材料、部品または製品の位置に変化を与える過程を表す
3	停滞	貯蔵	▽	原料、材料、部品または製品を計画により貯えている過程を表す
4		滞留	D	原料、材料、部品または製品が計画に反して滞っている状態を表す
5	検査	数量検査	□	原料、材料、部品または製品の量または個数を測って、その結果を基準と比較して差異を知る過程を表す
6		品質検査	◇	原料、材料、部品または製品の品質特性を試験し、その結果を基準と比較してロットの合格、不合格または個品の良、不良を判定する過程を表す

工程分析の例を下図に示します。この図にあるように、工程分析では作業時間、移動距離、使用した道工具などを記載することがあります。

この工程図からどんなことがわかるでしょうか。付加価値を生み出している工程は「加工工程」だけです。その他の工程については「なくすことができる」が最大の改善となります。例えば、製品の移動回数・時間が多いことがわかるため、「作業場同士を近くに配置して、移動時間をゼロにする」といった改善を検討できます。

ある製品の工程分析例

No.	記号	工程の内容	作業時間(分)	移動距離(m)	メモ
1	▽	材料置き場に保管	-	-	野外の材料置き場
2	⇨	材料置き場から取出し	3	20	作業者が台車で移動
3	⇨	旋盤のチャックに取付け	8	1	クレンを使用
4	○	旋盤外周加工	20	-	2回工具交換あり
5	⇨	旋盤のチャックから取外し	3	1	クレンを使用
6	⇨	ボール盤へ移動	2	7	作業者が台車で移動
7	⇨	ボール盤のバイスに取付け	5	1	クレンを使用
8	○	ドリルで加工	4	-	切削液使用
9	⇨	バイスから取外し	2	1	クレンを使用
10	○	バリ取り	3	-	ヤスリを使用
11	⇨	検査台に移動する	3	10	作業者が台車で移動
12	□	検査待ち	120	-	他の検査をしている
13	◇	寸法検査	5	-	外径と外観検査
14	⇨	完成品置き場に置く	3	5	検査員が台車で移動
15	▽	完成品置き場に保管	-	-	野外の材料置き場

◇ 動作分析

　動作分析は、「作業者が行う動作を調査・分析して、最適な作業方法を追求する」ための手法です。動作経済の原則に基づいて分析を進めます。実際の作業の様子を観察するだけでなく、「ビデオに記録して繰り返し分析する」方法がとられる場合が多いです。

　動作分析の代表的な手法に、サーブリッグ分析があります。これは、あらゆる動作に共通する基本動作を18種類に分類し、略字や記号（サーブリッグ記号、次ページの表を参照）を用いて作業動作を分析することで、動作の方法や順序の問題点、その他のムダを見つけ改善していく手法です。サーブリッグ記号は、改善の着眼点から次の3つに分類されます。

①第1類：仕事をするうえで必要な動作要素
②第2類：第1類の作業の実行を妨げる動作要素
③第3類：作業を行わない動作要素

　サーブリッグ記号は、ギルブレスとその妻によって発案されたものです。実は、サーブリッグ記号はギルブレスを反対から読んだものです。
　豆知識として知っておくとよいでしょう。

　　　　Gilbreth（ギルブレス）➡ Therblig（サーブリッグ）

◇ 時間研究（タイムスタディー）

　時間研究は**タイムスタディー**とも呼ばれるIE手法です。この手法では、作業内容を工程および動作の単位に分割したあとで、それぞれの単位の時間を正確に計測し、記録していきます。時間研究を行う際には、「ストップウォッチを使用し、実際の作業を観察しながら測定・記録する方法」（ストップウォッチ法）および「ビデオに録画してコマ送りで再生しながら測定する方法」があります。

　時間研究を行うとき、時間の単位は「秒」もしくは「デシマルミニッツ（Decimal Minutes、単位はDM、100DM＝1分）」とする場合があります。DMを採用した場合は時間を足し算しやすいので便利です。DMの単位で計測できるストップウォッチが市販されているので活用しましょう。

第3章
工程管理

サーブリッグ記号*

分類	名称	英語の名称	略字	記号	記号の意味
第1類	手を伸ばす	transport empty	TE	⌣	空の皿の形
	つかむ	grasp	G	⌒	ものをつかむ形
	運ぶ	transport loaded	TL	⌣	皿にものを載せた形
	組み合わす	assemble	A	⊹	ものを組み合わせた形
	使う	use	U	∪	使う (use) の頭文字
	分解する	disassemble	DA	⊥⊥	組み合わせから1本取り去った形
	放す	release load	RL	⌒	皿からものを落とす形
	調べる	inspect	I	○	レンズの形
第2類	探す	search	SH	⊙	眼でものを探す形
	見いだす	find	F	⊙	眼でものを探し当てた形
	位置決め	position	P	9	ものが手の先にある形
	選ぶ	select	ST	→	指し示した形
	考える	plan	PN	♀	頭に手を当てて考える形
	前置き	pre-position	PP	⌂	ボーリングのピンを立てた形
第3類	保持する	hold	H	∩	磁石がものを吸い付けた形
	休む	rest	R	♀	人が椅子に腰かけた形
	避けられない遅れ	unavoidable delay	UD	⌒	人がつまずいて倒れた形
	避けられる遅れ	avoidable delay	AD	_○	人が寝た形

*サーブリッグ記号　『生産管理用語事典』(日本経営工学会編、日本規格協会、2002年) の「サーブリッグ記号」p.143。

◆ 時間研究結果の活用方法

時間研究の結果として得られたデータは、次のように活用できます。

（1）正味時間を求める

①平均値、最頻値、中央値や最小時間を採用する。

②レイティングを行って採用する。

（2）改善の対象を決定する

①平均値やバラツキの大きい要素作業に着目する。

②最小値の測定値が出た作業や動作を、連続して実現できるように改善する。

ここで「レイティング」というキーワードが出てきました。同じ作業をしていても、どうしても作業者によって早い人と遅い人がいます。レイティングとは、レイティング係数を掛けることで、作業者間のスピードの差を修正したうえで、正味時間として採用する方法です。

レイティングとレイティング係数

$$\text{レイティング係数} = \frac{\text{基準とする作業ペース}}{\text{観測作業ペース}} \times 100\,(\%)$$

$$\text{正味時間} = \text{観測時間の代表値} \times \frac{\text{レイティング係数}}{100}$$

◆ 稼働分析

稼働分析は、設備または作業者が実際に作業をしている時間の構成比率を求め、「どれくらい効率的に仕事ができているか」を調べる分析です。

$$\text{稼働率} = \frac{\text{実際稼働時間}}{\text{総時間}} \times 100\,(\%)$$

稼働分析には、連続観察法および瞬間分析法（主としてワークサンプリングが用いられる）の2通りがあります。それぞれの分析方法の概略を次表に示します。

稼働分析の主な方法

	連続観察法	瞬間観察法（ワークサンプリング）
方法	作業を長時間にわたって連続して観察する	長時間にわたって、所定のルールで決められた時刻ごとにその瞬間の作業内容を記録し、統計的にデータ処理する
メリット	・すべての事柄を記録できるので、より深い分析ができる	・1人の観察者が複数の対象を観察できるため、労力が少ない ・作業者の側に「観察されている」という意識が生じないので、客観的データが得られやすい
デメリット	・1つの設備、1人の作業者に対して観察者を1人配置する必要があり、効率が悪い ・「ずっと見られている」という意識から、観察対象の作業者がいつもと違う働きをしてしまい、正確なデータが得られにくい	・連続観察法と比較して精度が落ちる ・統計的処理が可能なレベルまで観察回数を増やす必要がある

稼働分析から得られた結果をもとに、ECRSの原則などに基づいて、改善できる点を探していきます。

出題傾向のポイント

　サーブリッグ分析では、あらゆる動作に共通する基本動作を18に分類しています。すべてを暗記する必要はありませんが、個数が問われたケースがあるので、「18個ある」ということは覚えておきましょう。

8 PERT 図

プロジェクト管理の手法の 1 つに PERT があります。PERT の使い方について、サンプルをもとに学びましょう。

◇ PERT とは

　PERT*では、プロジェクトの中の個々のタスクの関係性を示した図（Pert図）を作成します。この図を用いることで、複数のタスクが含まれるプロジェクトについて、以下の情報を把握することができます。

①最も効率よくプロジェクトを進められた場合の期間
②効率よくプロジェクトを完遂するために遅らせてはならない、一連のタスクの集まり（クリティカルパス）
③急いで進める必要のないタスクはどれか。そのタスクはいつまでに終わらせればよいのか

◇ PERT 図を描いてみよう

　実際にPERT図を描いて、その使い方のイメージをつかんでみましょう。ここでは、家庭で「カレーライスをつくる」という家事をプロジェクトと見なした例を紹介します。

❶カレーライスをつくる作業と所要時間の洗い出し

①お米を研ぐ：3分
②野菜を切る：10分
③お米を炊く：45分
④野菜を炒める：5分
⑤肉を焼く：3分
⑥具を煮る：10分
⑦ルーを入れて煮る：5分

＊**PERT**　Program Evaluation and Review Technique の略。

⑧ご飯をつぐ：2分

⑨カレーをかける：2分

❷それぞれの作業の関係性を整理

　作業ごとの関係性を整理します。ある作業の前に必ず終わらせておかなければならない作業を「先行作業」、ある作業のあとの作業を「後続作業」として、次表に整理しました。

作業の関係性の整理*

No.	作業	所要時間（分）	先行作業	後続作業
①	お米を研ぐ	3	—	③
②	野菜を切る	10	—	④
③	お米を炊く	45	①	⑧
④	野菜を炒める	5	②	⑥
⑤	肉を焼く	3	—	⑥
⑥	具を煮る	10	④⑤	⑦
⑦	ルーを入れて煮る	5	⑥	⑨
⑧	ご飯をつぐ	2	③	⑨
⑨	カレーをかける	2	⑦⑧	—

❸PERT図の作成

　次の要領でPERT図を作成します。

①それぞれの作業を、先ほど整理した表の関係性をもとに矢印でつないで整理する。

②それぞれの作業の所要時間を記載する。

③それぞれの作業の関連性と所要時間から、最も早く作業できる時間（最早）を記載していく。こうすることで、プロジェクト完了の最短時間が明らかになる。

④最短でプロジェクトを終えるために最も遅くてもよい各作業の終了時間（最遅）を記載する。また、最遅時間から最早時間を引いた余裕時間を算出する。

*…の整理　http://blog.kougai.net/?eid=884277 より。

⑤最早時間＝最遅時間となる一連の作業の集まりが「クリティカルパス」となる。

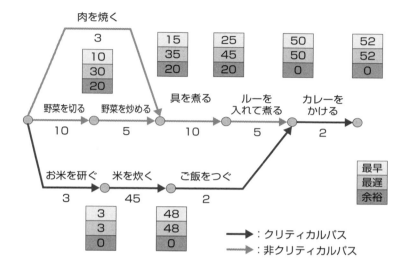

カレーづくりの作業のPERT図*

④PERT図からわかること

　PERT図から次のことが理解できます。これらの情報がわかれば、プロジェクトの完了日を論理的に決定できます。また、スケジュール管理にメリハリをつけることができます。

①プロジェクトを完了させることのできる最短時間。
②クリティカルパスの工程が少しでも遅れると、プロジェクト全体の完了時間が遅くなってしまう。そのため、クリティカルパスは重点管理する必要がある。
③非クリティカルパスの作業は、「最遅」に間に合えば問題ない。

　スケジュール管理といえばガントチャートをよく使いますが、PERT図にも様々な利点があり、ぜひとも活用していきたいものです。

＊…のPERT図　http://blog.kougai.net/?eid=884277

制約条件の理論（TOC理論）

制約条件の理論（TOC）は、『ザ・ゴール』という本がベストセラーになることによって有名になりました。生産管理でよく使われる考え方なので、理解しておきましょう。

◇ 制約条件の理論とは

　制約条件の理論は、英語ではtheory of constraintsといいます。一般的にはTOCと表記されます。この理論はイスラエルの物理学者、エリヤフ・ゴールドラット博士が提唱したもので、概略は次のとおりです。

① どんなに複雑に見える生産システムでも、生産能力はボトルネック工程（制約条件）によって支配されている。
② ボトルネック工程に合わせて全体工程を管理する。
③ 生産システム全体の能力を上げるためには、ボトルネック工程の能力を上げなければならない。
④ ボトルネック工程の能力を上げ、ボトルネックが解消されれば、新しい工程がボトルネックになる。

◇ 『ザ・ゴール』を読んでみましょう

　制約条件の理論は、ゴールドラット博士の著書『ザ・ゴール』（日本語版：ダイヤモンド社、2001年）で学ぶことができます。この本は難しい学術本ではなく「小説」です。TOC理論を楽しく学べるので、ぜひ読んでみてください。

COLUMN　ボトルネック

　いままでのところ、試験でTOC理論が出題されたことはありませんので、本書では参考知識として記載しています。ボトルネックが全体の生産能力を制約しているという考え方は、編成効率やラインバランシングの考え方と密接につながりがあります。関連付けて学習すれば理解が深まります。

試験対策問題

次の設問に○×で解答しなさい。

【設問】

(1) タクト式のラインでは、作業中はモノの流れを一定時間止めて、静止している状態で作業する。一定の時間が経過すると、モノもしくは作業者が移動する。

(2) 工程管理はQCDの中でも、特にCに大きな影響を及ぼす。

(3) ラインの編成効率を向上させるために、ネック工程の作業内容の一部を他の工程に移管させることがある。

(4) 改善の視点を見いだすためには、ECRSの原則に基づき、最初に「結合できないか？」と問いかけることが最も重要である。

(5) 仕事を区分していくと、工程、単位作業、要素作業、単位動作、要素動作の5つに分けられる。

(6) フォワードスケジューリングとは、完成予定日や納期を基準として、工程順序とは逆方向に予定を組んでいく方法である。

(7) 連続観察法の1つであるワークサンプリングは、1つの設備、1人の作業者を連続して観察する方法である。

(8) 工程編成は、工程設計、作業設計、工程間の物流設計、レイアウト設計の順で行われる。

(9) 動作経済の原則とは、作業者が最も合理的に作業を行うために適用される経験則のことである。

(10) サーブリッグ分析では、あらゆる動作に共通する基本動作を21に分類している。

【正解と解説】

(1) ○

記載のとおり。

(2) ×

工程管理は主にDに大きな影響を及ぼす。

(3) ○

記載のとおりにすると、編成効率が向上する。

(4) ×

ECRSの原則では、まずは「E：なくせないか」の視点で改善できる箇所を探すことが重要である。E→C→R→Sの順番で検討していくことが、最も効率がよい。

(5) ○

記載のとおり。

(6) ×

誤り。記載の内容はバックワードスケジューリングの説明である。

(7) ×

ワークサンプリング法は瞬間分析法である。問題文に記載している内容は、すべて連続観察法に関するものである。

(8) ○

記載のとおり。

(9) ○

記載のとおり。

(10) ×

サーブリッグ分析では、あらゆる動作に共通する基本動作を18に分類している。

第 **4** 章

作業管理と設備管理

本章では、作業管理および設備管理について学びます。

作業管理のサイクルを回すことで、生産現場の競争力を継続的に高めていくことができます。よく理解しておきましょう。

設備管理では、主に設備の保全形態にかかわる内容を学びます。近年はIoTやAIと保全技術の連携が図られ、効率的な保全活動が行われています。基本的な内容と近年の動向を押さえていただけたらと思います。

① 作業管理の概要

「作業管理の計画や統制の機能がどのように果たされていくのか」に注目しつつ学んで
いきましょう。

◇ 作業管理とは

作業管理は次のように定義されています。

「作業方法の分析・改善によって、標準作業と標準時間とを設定して、この標準を
維持する一連の活動体系」（JIS Z 8141-5101）

作業管理には「計画」と「統制」の2つの機能があります。また、それらに様々な
活動が紐付けられており、その活動をサイクルとして継続的に回していく必要があ
ります。その関係を次図に示します。

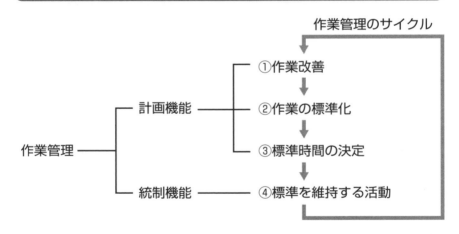

作業管理の機能とサイクル

まず、①作業改善として、最も合理的で生産性の高い作業を追求します。その結
果に基づき、②作業の標準化と③標準時間の決定を行います。「決めごと」であるこ
れらの標準に対して、④標準を維持する活動を続けることで、作業管理が機能しま
す。

　しかしながら、一度決めた標準は永久に使用できるものではありません。技術革新、環境の変化、さらなる改善案の発見などを受けて、よりよいものに変えていくことで、製造現場の競争力が高まります。

　そのため、①〜④のサイクルを定期的に回し、標準を改定していくことが重要です。作業管理のサイクルを、PDCAを意識しながら回し続けることこそが、作業管理の神髄なのです。

◇ 作業研究の対象となる作業の構成

　作業研究とは、標準作業を決定して標準時間を求めるための、一連の活動体系のことです。

　ここで作業研究の対象となる作業は、大分類として「主体作業」と「準備段取作業」の2つに分けられます。また、主体作業は「主作業」と「付随作業」に分けられます。

作業研究の対象となる作業の構成（JIS Z 8141-5102）

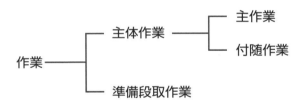

（1）主体作業

　物に付加価値を付与することに直接寄与する作業（組立・加工など）であり、次の2つに分けられます。

①主作業：物の変形・変質などに直接寄与する作業
②付随作業：主作業に間接的に寄与する作業（材料の取付け、取外しなど）

（2）準備段取作業

　主体作業を行うために必要な準備、段取り、作業終了後の後始末、運搬などの作業をいいます。

作業管理の計画機能

作業管理の計画機能に当たる、標準作業と標準時間の設定について学んでいきましょう。

◆ 標準作業の設定

標準作業とは、製品や部品の製造工程全体を対象にして、①作業条件、②作業順序、③作業方法、④管理方法、④使用材料、⑤使用設備、⑥作業要領に関する基準を定めたもののことを指します。また、これらを帳票の形でまとめたものを**作業標準書**や**標準作業票**などといいます。標準作業に従って確実に作業することが計画どおりのQCDを確保していくうえで重要なポイントとなっています。

◆ 標準時間の設定

標準時間は次のように定義されています。

> その仕事に適性を持ち、習熟した作業者が、所定の作業条件のもとで、必要な余裕を持ち、正常な作業ペースによって仕事を遂行するために必要とされる時間（JIS Z 8141-5502）

標準時間の構成は、前節で述べた「主体作業」と「準備段取作業」の各時間の下に、それぞれ「正味時間」と「余裕時間」が含まれる形です（次ページの図を参照）。このうち余裕時間は、さらに「管理余裕」と「人的余裕」に分けることができます（図の下の表を参照）。表にはそれぞれの具体例も記載したので、参考にしてください。

（1）正味時間

主体作業および準備段取作業を遂行するために直接必要な時間のことです。

（2）余裕時間

作業を遂行するために必要と認められる、不規則的・偶発的に発生する避けられない遅れの時間です。

　標準時間を設定することで、生産管理の業務全体を円滑に行うことができます。例えば、第3章の中で取り上げた工数計画のベースとなる工数の情報として、標準時間を活用します。また、生産計画を立てていくうえでも利用されます。このように、標準時間は計画・統制・評価をしていくうえで重要な情報・指標です。

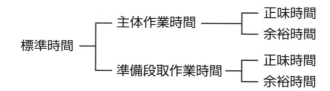

標準時間の構成（JIS Z 8141-5502）

余裕の分類とその内容*

大分類	小分類	内容	具体例
管理余裕	作業余裕	作業をするうえで不規則的・偶発的に発生する作業要素であるため正味時間に入れられない作業、およびその作業特有の避けられない遅れや中断	機械調整、機械への注油、切りくずの不定期処理、作業域の整理、工具の研磨や交換、工具の借り入れや返却、図面読み、加工品の整理、清掃など
	職場余裕	本来の作業とは無関係に発生する、職場に特有の遅れ。同じ職場の作業者なら同じように影響される性質を持つ	朝礼、連絡打合せ、伝票扱い、始終業時の職場清掃、材料や製品の運搬、材料待ち、作業指導、職場打合せ、停電、設備・資材管理の不備対応、工場の行事など
人的余裕	用達余裕	作業そのものとは関係のない、人間の生理的・心理的欲求を満たすための余裕	用便、水飲み、汗拭き、冬季の暖取りなど、疲労回復以外の生理的欲求に対して与えられる余裕
	疲労余裕	作業による疲労を回復するための余裕	重量物の取り扱い、環境の著しく悪い場合の休憩など。疲労により作業ペースが低下する場合や、与えないと長期の間に精神的・肉体的に悪影響が発生する場合に与えられる余裕

＊…とその内容　『生産管理BASIC級』（渡邊一衛監修、社会保険研究所、2016年）の「余裕の分類とその内容」p.120を引用。

3 設備管理とは

設備管理の概要、設備のライフサイクルおよび様々な保全の形態の考え方について学んでいきましょう。

◆ 設備とその役割

設備とは、建物や機械設備のような有形固定資産のことを指します。製造現場では工場の建物のほかにも、様々な設備が設置されています。また、それらの設備が生産の中核を担っているので、「どんな設備を使用するか」、「設備がどのような状態で使用されているか」などが与えるQCDへの影響は大きく、企業の競争力にかかわっています。

このことから、設備は単に使用するだけでなく、適切な保全や計画的な更新をしていかなければなりません。そのためには、高度な設備保全技術を持つ技術者を継続的かつ計画的に養成する必要があります。

◆ 設備管理

設備管理は、設備のライフサイクル全体にわたって、設備を効率的に使用できる状態に保ち、高い生産性を維持することが目的です。そのためには設備の保全が重要です。

キーワードとして「設備のライフサイクル」という用語が出てきました。この用語は、設備の「一生のすべての期間」を指しており、①計画から②設計、③製作、④調達、⑤運用、⑥保全、⑦廃却、⑧更新までの全期間が含まれています。設備は使用している期間だけでなく、「ゆりかごから墓場まで」のすべてを考慮した管理をしていく必要があるのです。

◆ 様々な保全形態

保全とは、「設備のライフサイクルの全期間を通して、故障を排除し、良好な状態を維持して、効率的な生産を維持する」ための活動を指します。保全には、次のとおりいくつかの形態があります。

(1) 事後保全 (BM＊)

設備の故障や異常が発見された段階で、それを取り除く方法のことです。

(2) 予防保全 (PM＊)

設備が故障に至る前に、未然に防止する方式です。

代表的な考え方に以下の2種類があります。

①定期保全 (TBM＊)

一定の周期を決めて保全を行う方式です。

周期は、過去の故障の記録や保全の状態の評価に基づいて決定されます。

②予知保全 (CBM＊)

設備の状態を保全診断技術によって管理し、故障に至る前の最も適切なタイミングで保全を行う方式です。

(3) 改良保全 (CM＊)

故障や異常が発生しにくい設備に改善し、性能を向上させることです。

(4) 保全予防 (MP＊)

過去の不具合の実績や情報を用いて、これらを排除する対策を設計・計画段階から織り込んでおく方式です。

第4章 作業管理と設備管理

出題傾向のポイント

設備管理は、「ライフサイクル」という言葉がキーワードです。設備の生涯にわたる管理が重要であることを理解しましょう。

＊BM　　Breakdown Maintenanceの略。
＊PM　　Preventive Maintenanceの略。
＊TBM　Time Based Maintenanceの略。
＊CBM　Condition Based Maintenanceの略。
＊CM　　Corrective Maintenanceの略。
＊MP　　Maintenance Preventionの略。

様々な保全の形態とその発展過程

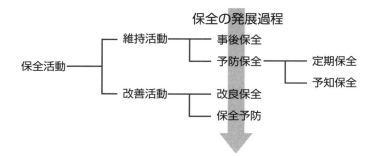

保全の発展過程

◇ 予知保全の進化

　近年では、IoT*やAI*などの技術が進歩しており、これらが予知保全の進化に役立っています。例えば、監視対象の設備や装置に温度・電流・騒音・振動などのセンサーを取り付けて、データを収集します。そして、得られたデータはAIを用いて解析します。これにより、従来よりも的確に故障の前兆を把握し、適切なタイミングで必要な対策を打つことができます。結果として、故障を防げるのみならず、メンテナンスを必要以上に行って保全費用が増加してしまう**オーバーメンテナンス**を防ぐこともできます。

　実際の生産現場では、「ベアリングの状態を監視するため、振動センサーを取り付けて情報を収集している事例」などが頻繁に観察されます。

出題傾向のポイント

　設備の保全形態については過去にたびたび出題されているので、確実に理解しておいてください。保全形態が次のように発展してきたことを問われるケースもあるので、押さえておきましょう。

　事後保全　➡　予防保全　➡　改良保全　➡　保全予防

＊IoT　Internet of Things の略。
＊AI　Artificial Intelligence の略。

④ バスタブカーブ（寿命特性曲線）とは

設備のライフサイクルを考えていくうえで、「バスタブカーブ」の考え方を理解しておくと、実務に役に立ちます。生産管理 BASIC 級試験の出題範囲ではないものの、学習しておきたい内容です。

◇ バスタブカーブ

縦軸に設備の故障率、横軸に設備の使用期間をとってグラフを作成すると、一般に「バスタブ」のような形になります。それで、このグラフを**バスタブカーブ**（bathtub curve）と呼びます。日本語では「故障率曲線」とも、また設備の一生（寿命）が表されるグラフなので「寿命特性曲線」ともいわれます。

バスタブカーブ

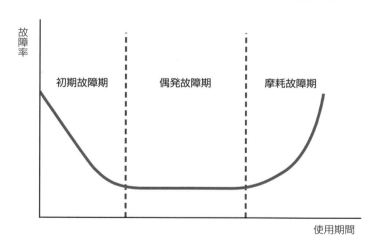

このグラフからは様々なことが読み取れます。まずは、設備の故障率がバスタブのような形で「小さくなって、安定して、大きくなる」という特性を持っていることを意識する必要があります。また、バスタブカーブは①初期故障期、②偶発故障期、③摩耗故障期という３つの期間に明確に分かれています。それぞれの特徴は次のとおりです。

①初期故障期

設備の使用開始直後であり、設計ミスや生産時の不具合に起因する初期故障が発生しやすい時期です。

②偶発故障期

初期故障が落ち着き、偶発的な故障の発生のみとなった時期です。

一般的に故障率は低いまま推移します。

③摩耗故障期

設備の寿命に近付き、劣化が進行して故障率が高くなる時期です。

設備の使用や保全にあたっては、「いま、この設備はどの期間なのだろうか？」という意識を持っておく必要があります。そして、該当する期間に応じた使用計画や保全計画を立案しなければなりません。設備の更新を計画的に行っていくことも必要です。

設計には寿命があります。しかしながら、適切に使用や保全をしていけば、驚くほど長く使用できるケースがあります。例えば、戦艦大和の主砲を加工した大型旋盤は、戦争が終わっても長い間（なんと2013年まで）、現役の工作機械として稼働を続け、船舶エンジン用の部品などを加工してきたそうです。この大型旋盤は2023年、クラウドファンディングで集めた資金により、広島県呉市にある大和ミュージアムの前に展示されるようになりました。産業や保全を学ぶための重要な展示物として、今後も引き継がれていくことでしょう。

出題傾向のポイント

設備を有効に活用するための管理特性としては、①経済性（投資に対する採算など）、②信頼性（故障しないことなど）、③保全性（メンテナンスが容易なこと）があります。これらが出題されたケースがあります。覚えておいてください。

設備の状態を表す指標

設備がどのような状態にあるか、その保全のしやすさや状況はどうなっているのか——
を示す指標について学びます。

◇ 設備総合効率

　設備の使用効率の度合いを表す指標として、設備総合効率が用いられます。これ
は、設備の3つのロス（停止ロス、性能ロス、不良ロス）を考慮して、設備の使用効
率を総合的に評価した指標です。

　設備が停止しているところを見れば、「稼働していないな」、「効率が悪いな」と誰
でも思います。しかし、設備がいつもより少しゆっくり動いていたり（性能ロス）、生
産する部品の不良の数がいつもよりわずかに多かったりしても、「効率が悪い状態
だ」ということに気付きにくいのではないでしょうか。

　設備総合効率を指標として用いれば、3つのロスを総合的に評価した現在の効率を
把握できます。この数値が高いほど、効率的な設備運用ができているといえます。

設備総合効率と3つのロス

設備総合効率 ＝ 時間稼働率 × 性能稼働率 × 良品率

$$時間稼働率 ＝ \frac{負荷時間 － 停止時間}{負荷時間}$$
▶ 停止ロスを示す

$$性能稼働率 ＝ \frac{基準サイクルタイム × 加工数量}{稼働時間}$$
▶ 性能ロスを示す

$$良品率 ＝ \frac{加工数量 － 不良数量}{加工数量}$$
▶ 不良ロスを示す

　設備には「7大ロス」という概念があります。設備総合効率は7大ロスと結び付け
て考えることができます。設備の7大ロスは、①故障、②段取り・調整、③刃具交
換、④立上り、⑤空転・チョコ停、⑥速度低下、⑦不良・手直し——です。

設備総合効率と７大ロスの関係

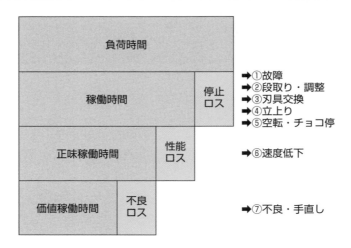

◇ MTBF と MTTR

ここでは設備状態を示す２つの指標について取り上げます。

❶ MTBF（Mean Time Between Failures）

MTBFは平均故障間隔のことで、「設備が修復されてから、次に故障するまでの動作時間の平均値」です。この値が大きいほど、保全活動が効率よく行われていることになります。

❷ MTTR（Mean Time To Repair）

MTTRは平均修復時間のことで、「故障した設備を運用可能状態へ修復するために必要な時間の平均値」です。この時間が短いほど、補修がしやすいことになるので、保全性を示す指標として用いられます。

これら２つと関連のある指標に、「可用率（可動率）」があります。これは、設備が「必要とされるときに使用中または運転可能である確率」のことです。MTBFやMTTRとあわせて用いられることが多いです。それぞれの指標との関係も理解しておきましょう。

$$可用率（A）= \frac{MTBF}{MTBF+MTTR}$$

$$可用率（A）= \frac{動作可能時間}{動作可能時間+動作不可能時間}$$

◇ システムの信頼度

　ある時間に機械や設備が動いている確率のことを、信頼度といいます。使用している装置や設備が1つだけであれば、その単品の稼働している時間だけを把握すればいいですよね。しかしながら、工場などの生産現場では、複数の設備を使用して生産活動を行うのが一般的です。その場合は、信頼度をどうやって評価すればよいのでしょうか。

（1）直列システムの場合

　生産設備が直列に複数並んでいる場合、どれか1つの設備が故障したら、全体の生産がストップしてしまいます。そのため、システム全体の信頼度は個々の設備の信頼度よりも小さくなります。例をもとに計算してみましょう。

①3つの設備A、B、Cがあります。図にそれぞれの信頼度（R1、R2、R3）を示しています。

直列システムの例

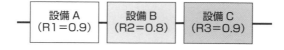

②システム全体の信頼Rは次のように計算できます。
　R＝R1×R2×R3＝0.9×0.8×0.9＝0.648　（信頼度：0.648）

（2）並列システムの場合

　生産設備が並列に複数並んでいる場合、どれか１つの設備が故障したとしても、全体の生産はストップしません。そのため、システム全体の信頼度は個々の設備の信頼度よりも大きくなります。これも、例をもとに計算してみましょう。

①３つの設備A、B、Cがあります。図にそれぞれの信頼度（R1、R2、R3）を示しています。

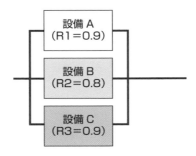

並列システムの例

②システム全体の信頼Rは次のように計算できます。

$$R = 1 - (1 - R1) \times (1 - R2) \times (1 - R3)$$
$$= 1 - (1 - 0.9) \times (1 - 0.8) \times (1 - 0.9) = 0.998 \quad （信頼度：0.998）$$

　このように、「直列システムでは、全体の信頼度は個々の設備の信頼度よりも低くなる」、「並列システムでは、全体の信頼度は個々の設備の信頼度よりも高くなる」ということを覚えておきましょう。並列システムは**冗長システム**と呼ばれることもあります。

出題傾向のポイント

　自分で使う設備は自分で守る「自主保全」という考え方が重要です。各種の指標を用いながら保全がうまく行っているかを評価しつつ、日常点検・保全業務に取り組みましょう。

試験対策問題

次の設問に○×で解答しなさい。

【設問】

（1）作業は、主体作業と準備段取作業に分類される。

（2）標準時間は、主体作業時間と余裕時間に分類される。

（3）設備保全は、事後保全➡予防保全➡改良保全➡保全予防の順に発展してきた。

（4）設備管理の活動は、設備導入後の故障率が低ければよい。

（5）保全予防とは、新しい設備の設計・製作段階で、これまでの保全情報を検討し、保全活動が不要または少なくて済む設備をつくることに重点を置いた保全方式である。

【正解と解説】

（1）○

　記載のとおり。

（2）×

　誤り。標準時間は、主体作業時間と準備段取作業時間に分類される。また、主体作業時間と準備段取作業時間は、それぞれ正味時間と余裕時間に分けられる。

（3）○

　記載のとおり。

（4）×

　設備管理では、ライフサイクルの考え方に基づき、設備の誕生から廃却、更新に至るまでの一生涯について考慮すべきである。

（5）○

　記載のとおり。

必ずしも理論的に改善をすればよいわけではない!?

　第3章で学んだように、生産管理分野では科学的アプローチの改善が進められます。このため、生産管理担当者はIE手法を使用するなど、理屈で生産性を上げようとすることが多いですが、実際には、作業者の感情面を理解しなければ真に生産性を上げることはできません。非常にコントロールが難しいですが、人間関係やモラールなどを意識した生産現場の運営が大切なのです。このことを証明したのが「**ホーソン実験**」です。

　これは1924年から1932年にアメリカで行われた実験です。この実験では、工場内照明の明るさを変化させたり、従業員の労働条件や待遇を変えたりして、生産性に変化が現れるかどうか研究しました。しかしながら、これらの条件を変えても、あまり明確には生産性の変化は見られませんでした。むしろ、生産性に影響するのは作業、同僚、監督者に対して抱く感情や人間関係などでした。「人の感情面は生産性に大きく作用する」ということが証明されたのです。

　何かを改善したいと思ったとき、必ずしも理詰めで進めていくことが正しいとは限りません。人間の感情についても、真剣に考えていくことが必要です。

人の感情面は生産性に大きく作用する！

第 ⑤ 章

資材・在庫管理

　本章では、資材・在庫管理を計画的かつ効率的に行っていくための基礎的な知識を学びます。これらの管理は企業戦略にとって非常に重要です。資材の買い方や保管の考え方は、企業の競争力に大きな影響を与えるからです。生産管理担当者の腕の見せどころですので、よく理解しておきましょう。

① 資材管理の概要

資材管理の概要ならびに業務を行っていくうえで必要な原則について学んでいきましょう。その際、特に「QCDとどのように結び付いているか」を意識してください。

◇ 資材管理とは

資材管理は次のように定義されています。

> 所定の品質の資材を必要とするときに必要量だけ適正な価格で調達し、適正な状態で保管し、（要求に対して）タイムリーに供給するための管理活動。（JIS Z 8141-7101）

ここで、資材管理の定義の中に品質（Q）、価格（C）、必要とするときに、タイムリーに（D）という言葉が出てきます。ここからも資材管理は、資材のQCDを意識した管理活動であることが理解できます。

資材管理の重要性は「生産管理」および「財務管理」の両面から認識する必要があるとされています。生産管理面から考えると、納期管理や品質管理、そして現場作業などの改善をしていくうえで、資材管理の役割は重要になります。また、財務管理面から考えても、資材は「コストダウンの重点対象」となります。また、資材管理のやり方は、キャッシュフローに大きな影響を与えます。

◇ 資材の種類

使用される資材は様々な視点で分類され、名前がつけられています。そのため、製造業で働き始めたばかりの方にとっては、なじみのないものが多く、混乱してしまうことがあります。同じ部品であっても、企業や部署によっては別の視点で分類しているために、呼び方が異なっている場合もあります。次表では、一般的な製造業で用いられる資材の分類の視点と分類方法をまとめています。この分類がすべてというわけではありませんが、主なものは入っているので、押さえておきましょう。

資材の分類視点と方法

分類の視点	分類方法
管理	常備材料、非常備材料
使用目的	直接材料、間接材料
加工度合い	素材、粗形材、部品、半製品
入手方法	購入品、支給品
部品管理	加工部品、調達部品、常備部品
原価計算	直接原材料、部品、補助材料、消耗工具、器具、消耗品
組立度合い	単一部品、集成部品、機能部品
部品と製品の関係	専用部品、共通部品、標準部品
財務諸表規則	原材料、仕掛品、半製品、貯蔵品、製品
工場都合	主要部品、部品、補助材料、加工外注品、消耗工具

第5章　資材・在庫管理

　資材管理業務は、これらの資材について、要求➡調達➡受入検収➡保管という順序で実施されます。

資材管理業務の主な流れ

| 要求 | ➡ | 調達 | ➡ | 受入検収 | ➡ | 保管 |

この流れの QCD を最適化する

出題傾向のポイント

　試験で、資材の分類の視点とその内容について出題されることがあります。単純に暗記しようとすると覚えづらい内容ですが、暗記していなくても、内容を理解しておけば簡単に解答できるレベルのものが多いです。

② 資材管理の構成

資材管理は、資材計画、購買管理、外注管理、在庫管理、倉庫管理、包装管理や物流管理など、様々な管理で構成されています。ここでは、購買・外注・在庫という主要な3つの管理について学びます。

◇ 資材管理の構成

　ビジネス・キャリア検定では、資材管理の主要構成要素として、(1) 購買管理、(2) 外注管理、(3) 在庫管理という3つの管理を取り上げています。それぞれの管理について概略を押さえておきましょう。

(1) 購買管理

　購買管理とは、部品などの資材を購入する際にQCDを最適にする活動です。購買管理を考えるうえでは、**購買管理の5原則**が重要となります。

購買管理の5原則

> **品質管理**：適切な品質

> **数量管理**：適切な量

> **納期管理**：適切な納期

> **価格管理**：適切な価格

> **取引先管理**：適切な取引先

購買管理の5原則は、生産管理の実務において「合言葉」のように用いられます。

　品質、**数量**、**納期**、**価格**をバランスよく考慮しながら、全体最適化ができる購買活動をしていく必要があります。例えば、ある部品を一度に大量に購入すれば、価格が安くなることがあります。しかし、それによって在庫をたくさん持ってしまえば、在庫管理の手間がかかるばかりか、保管中に部品が劣化して品質上の懸念が生じることもあるでしょう。

　それに加えて、**適切な取引先を選定**することも大切です。取引先の選定では、QCD以外の要素も考慮する必要があります。例えば、取引先の財務状況を把握しておかなければ、急な倒産などによって問題が発生する恐れがあります。

　そのため、新規の取引先については、取引開始前に財務状況を含めたサーベイを行う必要があります。また、取引先を一部の地域や国に集中させておくと、災害や戦争、感染症の流行などの際に、サプライチェーンが寸断されてしまうことがあります。

　実際に、新型コロナウイルス感染症が世界的に流行した際、中国を中心とするサプライチェーンを構築していた会社では、部品の入手が著しく困難になってしまいました。このことからも、取引先の選定がいかに重要かということが理解できます。

(2) 外注管理

　外注管理は次のように定義されています。

> 　生産活動にあたって、内外製の最適分担の下もとに、原材料、部品を安定的に外部から調達するための手段の体系。自社の技術、生産能力の不足分を補完し、要求品質を満足し、コスト効率がよいことが外注の要件となる (JIS Z 8141-7201)。

　ここで注意していただきたいのは、「購買」と「外注」の意味の違いです。購買には、部品や原材料を「購入する」という意味があります。一方の外注には、**自社の要求仕様に基づき、外部企業に対して製造を委託する**という意味があります。そのため外注管理では、**内外製区分**の決定——すなわち、部品や製品のうちどれを社内で製造し、どれを社外の企業で委託生産するのか、という選択——も含めた活動が必要です。それと並行して、購買管理と同様にQCDを意識した管理を行っていきます。

第5章　資材・在庫管理

（3）在庫管理

在庫管理は次のように定義されています。

> 必要な資材を、必要なときに、必要な量を、必要な場所へ供給できるように、各種品目の在庫を望ましい水準に維持するための諸活動。（JIS Z 8141-7301）

適切な量の資材在庫を保管していれば、生産活動を安定させることができ、納期遅延や品切れを防ぐことができます。ただし、在庫過多が与える悪影響は非常に大きいので注意が必要です。例えば、次のような悪影響があります。

①倉庫保管費用の増加（外部倉庫を借りることになる場合もある）
②部品を他の倉庫に移動するための輸送費用の増加
③倉庫面積が増えることによるピッキング効率の低下
④棚卸時間および在庫金利の増加によるキャッシュフローの悪化

（4）在庫の種類

ビジネス・キャリア検定では、在庫の種類をその活性度に基づいて以下の4つに分類しています。

①活動在庫

現在活発に流動しているもので、在庫期間が短く、常時使用されている在庫品です。

②過剰在庫

必要とする在庫品ではあるが、在庫量が使用予定量（標準在庫量）よりも大幅に超過している在庫品です。

③眠り在庫

今後の使用見込はあるものの、その使用量が少ない（在庫期間が長い）在庫品です。

④死蔵在庫

デッドストックとも呼ばれます。長期間使用せず、今後とも使用見込がなく、他に転用できないような在庫品です。

（5）在庫テコの原理とは

　「在庫テコの原理」を心がけて業務を行うと、資材や在庫の管理を効率的に行うことができます。ぜひとも覚えておきましょう。

　この言葉は、「在庫の量を少なくすれば、非常に大きなコスト削減ができる」という考え方を表したもので、物流コンサルタントのイー・ロジット社が提唱しています。

　「在庫テコの原理」とは、「在庫削減を1とした場合、3以上のコスト削減効果が得られる」ことを実績と経験から示したものです。

　この「在庫テコの原理」から、「在庫を増やしすぎない」、「在庫を減らせば大きなコストダウンにつながる」などを意識しつつ業務を進めることの大切さが理解できます。

イー・ロジット社の提唱する「在庫テコの原理」*

「在庫削減を1すると、3以上のコスト削減効果が得られる」

・倉庫家賃の削減
・外部倉庫との横持ち運賃の削減
・ピッキング効率のアップ
・輸送費用の削減
・棚卸時間の削減
・その他

在庫削減

出題傾向のポイント

　在庫の4つの種類（①活動在庫、②過剰在庫、③眠り在庫、④死蔵在庫）の出題頻度は非常に高いです。確実に押さえておきましょう。

＊…**「在庫テコの原理」**　『図解 よくわかる物流のすべて』（角井亮一著、日本実業出版社、2007年）の「在庫テコの原理」
　P.103を引用・一部改変して作成。

3 資材所要量計画（MRP）

ここでは資材計画の手法の1つである資材所要量計画を取り上げます。計画の基本的な流れと所要量の計算方法について、サマリー型部品表とストラクチャ型部品表の違いを理解しつつ学んでいきましょう。

◇ 資材所要量計画とは

資材所要量計画はMRP*とも呼ばれる資材計画の手法です。この手法では、次図のように、生産計画情報、部品表情報、在庫情報に基づいて、資材の必要量および時期を求めていきます。

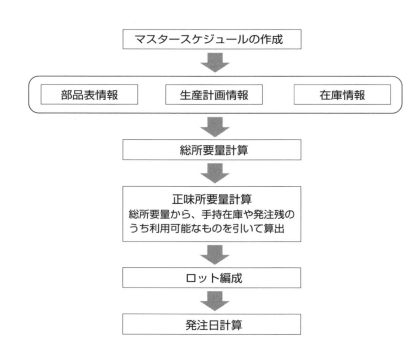

MRP の基本的な流れ

マスタースケジュールの作成

部品表情報　　生産計画情報　　在庫情報

総所要量計算

正味所要量計算
総所要量から、手持在庫や発注残のうち利用可能なものを引いて算出

ロット編成

発注日計算

---

* **MRP** Material Requirements Planning の略。

◇ 独立需要品目と従属需要品目

　MRPでは、管理の対象となる品目について、①独立需要品目、②従属需要品目の 2つに明確に区分していることに注意してください。

①独立需要品目：受注や予測に基づいて必要量と時期が決定する品目
②従属需要品目：独立需要品目もしくは上位品目の需要から、必要量や時期が決定 する品目

　例えばパソコンについて見てみると、パソコン本体は受注や需要予測に基づいて 必要量と必要時期が決定するので、**独立需要品目**です。一方、パソコンの部品は、パ ソコンの需要がわからなければ必要量や時期を明確にできないので、**従属需要品目** だといえます。

第5章 資材・在庫管理

独立需要品目と従属需要品目の関係

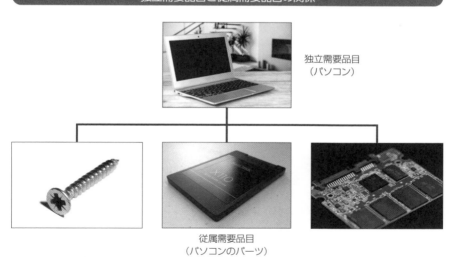

独立需要品目
（パソコン）

従属需要品目
（パソコンのパーツ）

　MRPでは、独立需要品目の需要に基づいて、従属需要品目の必要量や時期を計算 し、実際の手配までつなげていきます。

◇ MRP で用いる2つの部品表

MRPでは、総所要量を算出するために部品表を活用します。部品表は、最終製品を構成する部品や構成品とそれぞれの必要量との関係を示したものです。部品表には、(1) サマリー型部品表と (2) ストラクチャ型部品表の2種類があります。

(1) サマリー型部品表

加工や組立の順序にとらわれずに、製品を構成するそれぞれの部品と必要数が表されたものです。生産計画に応じた部品の所要量を決定する際に、「各部品の必要数に生産数量を乗ずる」だけで算出できるという利点があります。一方で、部品が単品なのか中間組立品なのか判断できないというデメリットがあります。

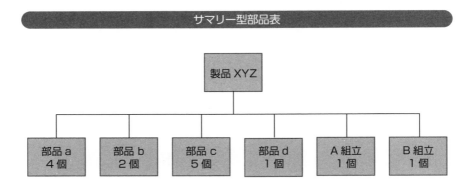

サマリー型部品表

(2) ストラクチャ型部品表

加工や組立の順序に沿って表現した部品表です。この形式であれば、それぞれの部品が単品と中間組立品のどちらなのか判断できるため、中間組立品として保管している在庫を引き出して、組立てに活用するのが容易です。

ストラクチャ型部品表

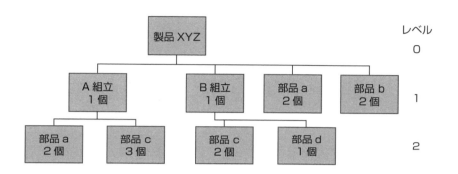

◇MRP の運用

　実際にMRPを運用していこうとすると、総所要量計算、在庫の引き当てなどで業務が非常に煩雑になり、人手でこなすには時間がかかりすぎます。そのため、コンピューター上ですべての計算を行っているケースが多く、実際の業務の現場では「MRP」といえば「MRPの運用システム」を指すことも多いです。

　しかし、コンピューター用のMRPシステムの導入だけでは、MRPをきちんと運用していくことはできません。マスタースケジュール、部品表が正確かつ最新のものにメンテナンスされている必要があります。また、引き当てて利用する部品を正確に管理するため、在庫の状況が正確に把握できていなければなりません。これらを着実に行っていくことで初めて、MRPの適正な運用が可能になります。

出題傾向のポイント

　2つの部品表は頻出ポイントです。それぞれの部品表の特徴と用途を理解しておいてください。ストラクチャ型部品表に関しては、試験で部品表に記載されている「レベル」を問われるケースがあります。注意してください。

資材・在庫管理

経済的発注量

実務に携わっていると、資材をどの程度まとめて購入すればよいか迷う場面があります。そういったときの判断を定量的に行うための指標である「経済的発注量」について学びましょう。

◇ 1回当たりの発注量とコストの関係

一般に資材の単価は、なるべくまとめて購入した方が安くなる傾向にあります。さらに、発注回数が減るため、資材発注にかかわる業務そのもののコストも低減することができます。その一方で、一度にあまりに多く購入しすぎると、在庫維持のための費用が大きくなってしまいます。したがって、1回当たりの発注量をどのくらいにするかの判断は非常に重要です。

1回当たりの発注量と部品単価および各種費用との関係

1回当たり発注量	部品単価	発注費用	在庫保管費用
多い	安い（○）	安い（○）	高い（×）
少ない	高い（×）	高い（×）	安い（○）

◇ 経済的発注量

経済的発注量（Economic Order Quantity：EOQ）は、発注費用と在庫保管費用の和が最小となる、最も効率のよい発注量のことです。経済的発注量は次の式で表されます。

経済的発注量の式

$$Q = \sqrt{\frac{2Rc}{h}}$$

Q：経済的発注量
R：1期当たりの推定所要量
c：1回の発注費用
h：1個1期当たりの在庫保管費用

　経済的発注量は、1回当たりの発注数量を横軸に、費用を縦軸にとったグラフで表現するとわかりやすくなります。次図のように、1回当たりの発注量が多くなると、在庫保管費用が増加する一方、発注費用は小さくなっていきます。在庫保管費用と発注費用の和を**総費用**としてグラフにプロットしたとき、それが最も小さくなる発注量が経済的発注量です。

経済的発注量のイメージ

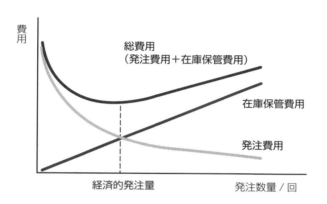

　なお、経済的発注量を計算する際には、部品の購入単価は発注量に関係なく一定としているので、まとめ発注による単価低減は考慮されていません。また、実務においては「取引単位に規制がある」、「支払い条件がある」といった制約により、理想的な数量の発注ができないこともあります。そのため、あくまで基本的なモデルとして捉えることが必要です。

出題傾向のポイント

　経済的発注量は、試験でよく狙われるポイントです。特に、「経済的発注量とは、在庫保管費用（在庫維持費用）と発注費用の和（総費用）が最も小さくなるポイント」だということを押さえておきましょう。

5 在庫管理

「在庫を持ちすぎることはムダである」といわれます。しかしながら、一定量の在庫を保有することには大きなメリットがあります。在庫を持つことのメリットや各種発注方式について学んでいきます。

◇ なぜ在庫を持つのか？

先ほど学んだ「在庫テコの原理」という言葉からもわかるように、在庫を持つことによって、様々な手間が増え、余分なコストがかかってしまいます。それなのになぜ在庫を持つのでしょうか？　その理由は、計画的に在庫を持つことにはメリットが大きいからです。主なメリットとして次のものが挙げられます。

①生産期間を短縮できる。
②品切れや納期遅延をなくすことができる。
③資材納入がストップしても一定期間生産を継続できる。
④経済的なロットで生産・購入できる。
⑤相場の変動を吸収できる。
⑥緊急発注時のコストアップを回避できる。

◇ 予定外の在庫が発生する要因

計画的に持つ在庫のほかに、「意図せずして」予定外の在庫を持ってしまうことがあります。例えば、需要の不確実性、在庫管理システムの不適切な運用、現品管理の不備、生産計画や管理のまずさ、不要資材の未処分、整理整頓ができていないといった要因で、在庫が発生してしまうことがあります。この場合は、在庫を持つことは完全な「ムダ」となっています。

このムダに着目して改善に取り組み、在庫量を低減できれば、製造業の競争力は大いに高まります。継続的に在庫を減らす取り組みを進めていきましょう。

◇ 在庫の種類

ビジネス・キャリア検定では、在庫を（1）活性度および（2）製品完成度合いによって区分しています。それぞれの名称と内容をおさらいしておきましょう。

在庫の活動性による区分

分類	説明
活動在庫	現在活発に流動しているもので、在庫期間が短く、常時利用されている在庫品
過剰在庫	必要とする在庫品ではあるが、在庫量が使用予定量よりも大幅に超過している在庫品
眠り在庫	今後の使用見込はあるものの、その使用量が少ない在庫品
死蔵在庫	デッドストックとも呼ばれ、長期間使用されず、今後とも使用見込がなく、他に転用できない在庫品

製品の完成度合いによる区分

分類	説明
素材在庫	棒材、板材、鋳造品、鍛造品
仕掛品在庫	工程間での在庫
外注仕掛品在庫	外注先での在庫
部品在庫	部品単体での在庫
半製品在庫	工程間の中間製品在庫
製品在庫	検査完了済みの完成品在庫
流通在庫	配送・保管中の資材・在庫製品

出題傾向のポイント

在庫のメリット・デメリットに関する出題に関しては、普段の生活に当てはめて考えてみるとわかりやすいです。例えば、トイレットペーパーは少し予備（在庫）があった方が安心ですが、大量に購入しすぎるとお金がかかってしまいますし、置き場所に困るなど様々なデメリットがあります。

◇ ABC 分析による管理レベルの検討

　在庫管理において、すべての部品に同じレベルの管理をしていくことは、合理的とはいえません。例えば自動車メーカーの工場で、エンジンや車体など高額な部品の在庫量は、大きな労力を割いてでも細かく管理していくべきです。しかし、一般的で安価なボルトやナットについては、あまり細かく管理しても、手間ばかりかかってメリットは小さいです。このように、在庫管理では部品ごとにメリハリをつけて管理していくことが大切です。メリハリをつける際の判断基準となるのが**ABC分析**です。横軸に金額もしくは量の大きい順に品目をとり、縦軸に各品目の累積金額もしくは量（またはその割合）をとったグラフを作成します。

　そして、上位の品目からＡグループ、Ｂグループ、Ｃグループと分けていきます。このとき、「どこまでをどのグループにするか」の明確な区分ルールはありません。例えば「Ａグループとする部品は累計部品数の10％、Ｂグループは20％、Ｃグループは70％程度」などとルールを決めて分類していきます。

ABC 分類の例

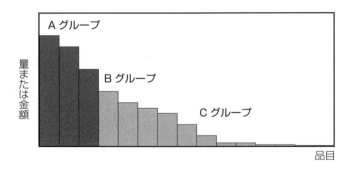

　グループ分けができたら、グループごとに在庫管理や発注の方法を決定します。Ａグループの品目については、手間をかけてもしっかり管理できる方法を選択します。このグループは、在庫量を減らすと大きなコストダウンが期待できるので、在庫低減活動のターゲットとするのもよいでしょう。一方、Ｃグループの品目については、管理・事務作業の手間が最小限となる方法を選択します。Ｂグループの品目については、Ａグループとプグループの中間レベルの管理方式を選択します。

6 3つの発注方式

前節でも述べたとおり、在庫管理において、すべての部品に同じレベルの管理をしていくことは合理的とはいえません。そのため、部品の金額や重要度に応じた発注方式を選定していきます。ここでは、主要な発注方式である定期発注方式、定量発注方式、ダブルビン方式について学んでいきましょう。

◇ 定期発注方式

定期発注方式は、前もって発注の間隔を決めておき（週に1回、月に1回など）、決められた生産計画に応じて必要量を計算したうえで、在庫量や注文残を考慮して発注量を決定し、実際の発注を行う方式です。定期発注のイメージは次図を参考にしてください。「発注間隔は一定で、発注量が毎回変動する」のが特徴です。

定期発注方式のイメージ

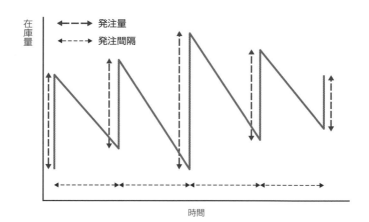

発注量は次の式で表されます。

$$発注量 ＝（発注間隔 ＋ 調達間隔）中の需要推定量 － 発注残 － 手持在庫量 ＋ 安全在庫量$$

　定期発注方式では、資材調達リードタイムの間に不測の事態があったときにも在庫切れが発生しないよう、「安全在庫」を持つのが一般的です。安全在庫量は、安全係数や需要量の統計的な数値（標準偏差）などにより、次の式で表されます。

$$R = \alpha \times \sigma \times \sqrt{L + M}$$

R：安全在庫量
α：安全係数（許容欠品率から計算）
σ：需要量の標準偏差
L：調達期間
M：発注間隔

　定期発注方式は手間がかかりますが、細かい在庫管理ができるため、在庫を適正量に保ちたい重要性の高い部品に対して適用される方式です。例えば「ABC分析の結果でAランクの部品には、定期発注方式を適用する」といった発注の戦略を立てることができます。

◇ 定量発注方式

　定量発注方式は、「発注量は毎回一定で、発注間隔が異なる」発注方式です。在庫が消費されて、ある発注点まで減少したとき、一定の経済的な発注量での発注をします。

定量発注方式のイメージ

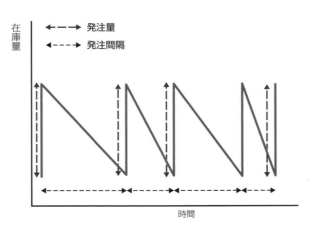

この方法では、定期発注方式に比べて、購買経費や管理の手間が少なくて済むので、定期発注方式を適用する部品よりも管理の重要性が低い部品に適用されるケースが多いです。定量発注方式にも安全在庫の考え方があり、次の式で表されます。

$$R = \alpha \times \sigma \times \sqrt{L}$$

R：安全在庫量
α：安全係数（許容欠品率から計算）
σ：需要量の標準偏差
L：調達期間

◇ ダブルビン方式

ダブルビン方式とは、「同容量の在庫が入る２つの入れ物（容器、ビン）を用意しておき、１つの入れ物が空になり、もう１つの入れ物の在庫を使い始めたタイミングで、入れ物１つ分の容量の発注を行う」という形式の発注方式です。**複棚法、二棚法**または**ツービン法**と呼ばれることもあります。

定量発注方式よりもさらに管理の手間を減らしたい部品に適用されることが多いです。例えば、ボルト・ナットやワッシャーはダブルビン方式での発注が便利です。ダブルビン方式は次のように運用されます（次ページの図を参照）。

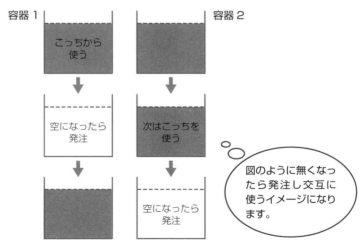

ダブルビン方式のイメージ

出典：http://keieimanga.net/archives/6649154.html

第5章 資材・在庫管理

出題傾向のポイント

　３つの発注方式のうち、試験でよく狙われるのは「定期発注方式」と「定量発注方式」です。この２つについては、考え方を確実に理解しておきましょう。管理の手間の違いについても押さえておきましょう。それぞれの発注方式を選択したときのメリット・デメリットも出題されています。

COLUMN

段ボールはリサイクル優等生！

　段ボールは非常に身近な梱包材で、部品や製品の梱包に使われます。最近ではアマゾンや楽天などに代表されるイーコマース（インターネットを介した商取引）での需要が高まっています。さらに、段ボールを使った食品容器、家具、パレットなど使用目的が大きく広がってきています。最近では、東京オリンピックの選手村で使用されたベッドが段ボール製だったことが大きな話題になりました。生産管理担当者の皆さんも、何らかの形で段ボールを使用されていると思います。

　このように使用頻度の高い段ボールですが、「こんなにたくさんの紙を使って環境への影響はないのだろうか？」と心配される方がおられるようです。

　しかし、段ボールはリサイクルの優等生であり、とってもエコな梱包材なのです。全国段ボール工業組合連合会によりますと、2021年の段ボールの回収率は96.7％となっており、そのほとんどがリサイクルされているとのことです。これからも段ボールは様々な場面で活用されていくことでしょう。生産管理担当者としても、段ボール業界から目が離せなくなってきました。

下請法とは

実務として資材・調達業務を行っていくうえで意識しておかなければならないのが「下請法」です。ビジネス・キャリア検定の試験範囲には含まれませんが、ここで基本を押さえておきましょう。

◇ 日本の製造業は非常に多くの中小企業が支えている

中小企業庁のデータによると、日本の企業の99.7%は中小企業です。つまり、日本の製造業は「数少ない大企業をたくさんの中小企業が支える」構造になっています。テレビドラマや映画などでは、大企業が「中小企業イジメをしている」、「中小企業から搾取している」といった場面が描かれることがあります。しかし、日本の産業構造を考えると、製造業が今後も持続可能な発展を遂げていくうえで、大企業と中小企業の円滑な連携が非常に重要です。そのためには、大企業と中小企業がともに成長できるような仕事の仕方をしなければなりません。

「中小企業」と「大企業」

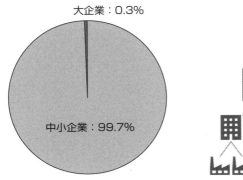

大企業：0.3%

中小企業：99.7%

数少ない大企業を
たくさんの中小企業が支えている

◇ 下請法で中小企業を保護する

下請法（正式名称：下請代金支払遅延等防止法）は、下請取引の公正化、下請事業者の利益保護を目的とした法律です。この法律では、大企業（親事業者）が中小企業（下請事業者）に対して「やらなければならないこと」（4つの義務）、「やってはいけないこと」（11の禁止行為）が定められています。

●4つの義務

1. 書面の交付義務
2. 支払期日を定める義務
3. 書類の作成・保存義務
4. 遅延利息の支払義務

●11の禁止行為

1. 受領拒否
2. 支払遅延
3. 減額
4. 返品
5. 買いたたき
6. 物の購入強制、役務の利用強制
7. 報復措置
8. 有償支給原材料等の対価の早期決済
9. 割引困難な手形の交付
10. 不当な経済上の利益の提供要請
11. 不当な給付内容の変更、やり直し

業務を行っていく中で、親事業者および下請事業者の定義を理解しておく必要があります。それほど大きな企業ではなくても、思わぬところで「下請法」に該当する取引を行っている場合があるので注意してください。

下請法における「親事業者」「下請事業者」の定義

●物品の製造委託・修理委託
●情報成果物作成委託・役務提供委託
　（プログラム作成、運送、物品の倉庫における保管及び情報処理に係るもの）

親事業者	下請事業者
資本金3億円超	➡	資本金3億円以下（個人を含む）
資本金1千万円超3億円以下	➡	資本金1千万円以下（個人を含む）

●情報成果物作成委託・役務提供委託
　（プログラム作成、運送、物品の倉庫における保管及び情報処理に係るものを"除く"）

親事業者	下請事業者
資本金5千万円超	➡	資本金5千万円以下（個人を含む）
資本金1千万円超5千万円以下	➡	資本金1千万円以下（個人を含む）

◇ 下請法に違反するとどうなるのか？

　下請法に違反すると、50万円以下の罰金や、違反した会社の名前の公開などの重い処分が下されることがあります。公正取引委員会のホームページでは、下請法に違反した会社の社名が公開されています。ここで社名を公開されてしまうと、企業の大きなイメージダウンへつながり、不利益が大きいです。

　下請法に明確に違反していない行為でも、倫理的に問題がある行為をした場合、社会的に問題が大きくなります。高い倫理観を持って業務遂行にあたることが必要です（法と倫理の補完関係）。

法と倫理の補完関係

・法：他律的
・倫理：自律的
　　⇒法と倫理はお互いに補完関係にある

補完関係
倫理 ⬌ 法

次の設問に○×で解答しなさい。

【設問】

(1) 資材を加工度合いの視点で分類すると、素材、粗形材、部品、半製品に分けることができる。

(2) ストラクチャ型部品表とは、加工や組立順序にとらわれず、必要な部品とその数量のみが表示されたものである。

(3) ABC分析を用いて在庫とすべき部品を分析する際、Cグループに分類された部品は最も厳密に在庫管理をする。

(4) 経済的発注量とは、年間の総費用が最小になる発注量である。

(5) 過剰在庫とは、必要とする在庫品ではあるが、在庫量が使用予定量よりも大幅に超過している在庫品をいう。

【正解と解説】

(1) ○

記載のとおり。

(2) ×

誤り。問題文の説明はサマリー型部品表である。

(3) ×

誤り。Aグループの部品は厳密に管理するが、Cグループの部品の管理はできるだけ簡素化を進める。

(4) ○

記載のとおり。

(5) ○

記載のとおり。

第 **6** 章

物流管理

　物流は今日ではロジスティクス（元の意味は戦場への物資の供給）へと高度化されており、企業の存亡に大きくかかわる重要な業務です。生産管理の担当者であれば、物流の管理業務も必ず行うことになるので、その意義や機能について確実に学んでおきましょう。

物流管理の概要

物流はロジスティクス（元の意味は戦場への物資の供給）へと発展しています。この言葉は、企業が物流管理を「戦略的に」行っていかなければならないことを示しています。ここでは物流の種類や意義について学びます。

◆ 物流の種類

　製造業では様々な物流業務が発生します。下の図は製造業を中心とした物流の流れを表しています。

　まず、①調達先から工場へ部品や材料が運ばれてきます（調達物流）。その後、②工場内でも物流が発生することがあります。例えば、工場内の倉庫や部品加工場から製品組立場に部品を供給します（生産物流）。③生産された製品は小売店などに向けて出荷されます（販売物流）。④小売店等から消費者に製品が運ばれることがあります（消費者物流）。⑤消費者から使用済み製品が回収されることがあります（回収物流もしくは廃棄物流）。さらに、日本の製造業では輸出入の機会が多いため、国際物流が発生する会社も多いことでしょう。

　このように、一言で「物流」といっても非常に広い範囲を指します。

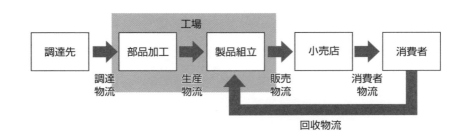

製造業を中心とした物流の流れの例*

回収物流

＊…とした**物流の流れの例** 『生産管理BASIC級』（渡邊一衛監修、社会保険研究所、2016年）の「物流の種類」p.157 を引用。

◇ 物流は企業戦略

近年は、物流といえば**ロジスティクス**（logistics）というイメージを持つ人が多くなっています。ロジスティクスは高度化された物流のことですが、もともとの意味は、戦争中に兵員や戦闘にかかわる資材・食料などの配置を行う「兵站（へいたん）」です。そのことからもわかるように、物流は単なる作業として捉えるのではなく、戦略的に行う必要があります。企業として戦略的に物流に取り組んでいくことが、競争力の強化につながるのです。世界的に成功している会社の多くは、物流を戦略的に行っています。例えばAmazonは、その明らかな事例の1つです。

前述の物流コンサルタント会社イー・ロジットは、「物流は企業戦略」だと捉える考え方を「戦略物流思考」と呼んでいます。一方、「物流は作業」だと捉え、生産性を重視する考え方を「物流思考」としています。

ただし、物流を戦略として捉えるだけでは問題があります。日々の物流現場のオペレーションやコストダウン活動にも重要な役割があり、それらがおろそかになれば物流現場はうまく回りません。そのため、同社は「戦略物流思考は物流思考と両輪で回していく必要がある」と強調しています。

第6章 物流管理

物流思考と戦略物流思考*

物流思考	物流を生産性の観点から捉え、物流業務を行う思考	**「物流は作業」** 機能ごとの部分最適（物流部門のみ） 物流のコストダウン（商品価格↓）
戦略物流思考	物流を戦略として捉え、企業戦略に合う物流戦略を組み立てる考え	**「物流は企業戦略」** 5大機能の全体最適（他部門も含む） 物流サービスのレベルアップ（商品利便性↑）

（物流5大機能については1-4節を参照）

*　**物流思考と戦略物流思考**　『図解 よくわかる物流のすべて』（角井亮一著、日本実業出版社、2007年）の「物流思考と戦略物流思考」p.30。

◇ 物流コストの算出方法

　物流管理を戦略的に行うためには、物流に関して発生している費用（物流コスト）を正しく把握しなければなりません。物流コストには、物流活動に関連して発生するすべての費用が含まれます。物流コストは全業種平均で売上高の5％ほどを占めています（次ページ上図）。

　しかし、物流コストは複雑な構造をしているため、正確に把握するのは難しいです。そのため、1977年に運輸省（現 国土交通省）が「物流コスト統一算定基準」を策定、1992年には通商産業省（現 経済産業省）が「物流コスト算定活用マニュアル」を策定しました。これらは、物流費に関する概念を統一的に把握するために作成されたものです。これらに基づいて算出すれば、目的に応じた物流コストが比較的簡便に求められます。これらで取り上げている物流費の分類を次表に示します。

番号	分類	内容
1	機能別分類	荷役費、包装費、輸送費、保管費、流通加工費、物流情報費
2	領域別分類	調達物流費、販売物流費、その他（社内物流費、返品物流費、回収物流費、廃棄物流費）
3	管理目的別分類	適用方法（組織別、製品別、販売地域別、顧客別）
4	支払形態別分類	自家物流費、支払物流費
5	変動費と固定費での分類	変動費、固定費

物流費の分類*

出題傾向のポイント

　調達物流、生産物流、販売物流、消費者物流、回収物流の定義や違いについて問われる出題があります。正確に把握しておきましょう。

＊**物流費の分類**　『物流実務の基本と仕組みがよーくわかる本』（木村徹著、秀和システム、2019年）の「物流コスト統一算定基準（改）」p.137を引用。

◇ 物流コストの実際

　実際の物流費の動向が気になる方も多いでしょう。日本ロジスティクスシステム協会（JILS）では毎年、「物流コスト調査報告書」を発表しています。この中で、売上高物流コスト比率の推移や、物流コストの物流機能別構成比などが公開されています。インターネットで見ることができるので、ぜひ参考にしてください。

売上高物流コスト比率の推移（全業種）

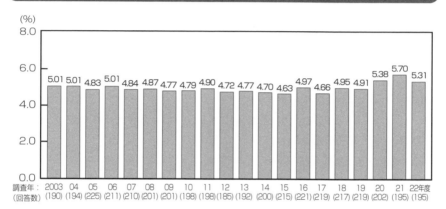

業種大分類別に見た物流コストの物流機能別構成比*

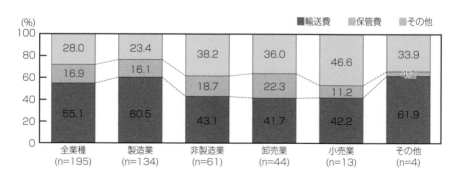

*…の物流機能別構成比　https://www1.logistics.or.jp/Portals/0/resources/Cost/cost_report_20230428.pdfより。

◇ マテリアルハンドリングとは

生産拠点や物流拠点の敷地内でのモノの移動に関する取り扱いのことを**マテリアルハンドリング** (material handling) といい、業務では略して「マテハン」や「MH」と呼ばれることが多いです。この作業は付加価値を生まないため、「なくす」「少なくする」方向で改善するのが望ましいです。そのため、次に示す運搬の原則に基づいてマテリアルハンドリングの改善を進めます。

●運搬の原則（抜粋）

①運搬活性の維持・向上に関する原則

荷物を動かしやすい状態にする、ユニットロードの原則（運搬する荷物を一定の単位・形状に統一する）、パレット化する、など。

②機械化・自動化に関する原則

ローラーコンベアやシューターを利用して重力でモノを移動させる、など。

③稼働率の向上に関する原則

共同作業で行う運搬業務のチームワークを向上させる、など。

④運搬作業の能率向上に関する原則

作業を単純化したり疲れにくいものにしたりする、など。

⑤その他の原則

スペースの有効活用、モノの置き方を工夫して運搬作業を減らす（配置の原則）、など。

出題傾向のポイント

自社内であっても、異なる拠点間など長い距離で荷物を動かすのは、「マテハン」ではなく「輸送」です。

◇ マテハン機器

マテリアルハンドリングで使用される各種の機器を**マテハン機器**と呼ぶことがあ
ります。これらの機器を活用することで、マテハンを容易にしたり、**運搬活性指数**
（運搬のしやすさを表す数値）を上げたりすることができます。代表的なマテハン機
器を以下に紹介します。

①パレット

移動や保管をしやすくするために使用します。

②フォークリフト

パレットを運ぶために利用されます。

第６章　物流管理

> 倉庫の空間利用を
> 最適化して在庫管
> 理コストを削減し
> ます。

③パレットラック

パレットを整理して保管するために用いられます。

荷物の迅速な移動により労働コストを削減します。

④キャスター付きの台車など

キャスターがついているので、運搬がしやすくなります（運搬活性指数向上）。

⑤ソーター、コンベア

大量のモノを移動させる際に便利です（運搬活性指数向上）。

⑥シューター

重力を利用して、モノが上から自動的に落ちてくるように工夫された棚です（活性指数向上）。

⑦ロボットや自動搬送車など

近年は物流現場でロボットや自動搬送車が使用されるケースが増えてきました。工場のデジタル化、IoT化に伴って、活躍の場が増えています。飲食店でもロボットが料理を運んでくることが増えてきましたね。

出題傾向のポイント

実際の試験で、物流コストの機能別分類が問われることがあります。覚えていないと解答しづらい部分もあるので、目を通しておくことをおすすめします。

◇ 物流の分析・改善に使用される手法

　物流の分析や改善に使用される手法には、主に工場内のマテハンの分析に活用される**運搬工程分析**、企業全体の物流の分析に使用される**物流チャート**などがあります。また、**流動数曲線**によって仕掛数を分析することがあります。

　運搬工程分析では、運搬するモノのほか、運搬機器や運搬員についても、それぞれの動きを工程順に追って調査し、各種の記号を用いて記録します。

運搬工程分析で使用される記号

基本記号

記号	名称	内容
○	加工	形状変化と検査
∪	移動	位置の変化
∩	取扱い	支持方法・荷姿の変化
▽	停滞	変化なし

台記号

記号	活性示数	状態
——	0	床や台などにバラで置かれている状態
⌴	1	箱やコンテナなどにまとめられている状態
⊤⊤	2	パレットに載せられている状態
⊙⊙	3	台車の上に置いてある状態
⊂⊃	4	コンベアやシューターなどで動いている状態

　これに、運搬重量、移動距離、所要時間、運搬手段、作業内容、活性示数(運搬のしやすさを表す)などを追記して図表をつくります。この結果をもとに、運搬の原則を活用しながら、改善できる点を検討していきます。

　物流チャートは、企業全体の物流拠点などの物流変化点と輸送経路を図に表したものです。この図をもとに、各拠点の在庫量、在庫回転量、保管コスト、保管効率等のデータを調査することで、問題点を抽出し、改善活動につなげます。

　流動数曲線は、横軸に時間、縦軸に流動数(受入数と生産数の累計数)を描いたグラフです。モノの流れと数量の関係および仕掛数の確認などを、視覚的に行うことができます。流動数曲線については3-5節でも解説しているので、参考にしてください。

ミルクランシステムと納品代行システム

調達物流について、主に「ミルクランシステム」と「納品代行システム」に注目して学びます。

◇ 調達物流

　製造業であれば、調達先（サプライヤー）から部品や原材料等を調達するための物流のことです。卸売・小売業にとっては、販売のために商品を仕入れる物流のことを指します。

◇ 語源は牛乳業者!?　ミルクランシステム

　調達物流では、**ミルクランシステム**（巡回集荷）という調達物流方式がとられることがあります。ミルクランシステムは、語源を理解しておくとイメージしやすいです。

　牛乳業者は酪農家から牛乳を調達するために各牧場を巡回して集荷していきます。それぞれの酪農家が牛乳を牛乳業者のところまで運ぶよりも、牛乳業者が巡回する方が、牛乳を効率よく集められます。

ミルクランシステムの語源とイメージ

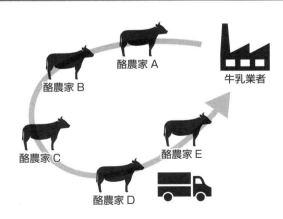

酪農家 A
酪農家 B
牛乳業者
酪農家 C
酪農家 E
酪農家 D

　語源となった牛乳業者に限らず、製造会社自身もしくは集荷を代行する1社がトラックを用意し、各調達先を巡回して集荷する（代行業者ならば集荷後に製造会社に納入する）形態の調達物流方式を、**ミルクラン**というようになりました。

　こうすることにより、調達先がそれぞれトラックを手配する場合に比べてトラックの台数が減り、調達物流のコストが下がって、効率的な物流業務を行うことができます。

◇ 納品代行システム

　納品代行システムは、納品代行事業者が点在する調達先から資材を一括して集荷し、保管、在庫管理、出庫業務などを行い、製造会社の納入指示に合わせて納入する仕組みです。調達物流を外部に委託（アウトソーシング）する形態だといえます。納品代行システムを採用することで、専門の業者に調達物流を任せることができるので、「調達効率がよくなる」、「社内の保管スペースを低減できる」といったメリットがあります。

◇ 3PL とは

　近年は、調達物流のみならず企業の物流業務を一括して委託可能な**3PL**（Third Party Logistics）と呼ばれる会社が誕生しています。この形態の会社は、単に物流業務を請け負うだけではなく、高度なコンサルティング・業務改善提案能力を持っており、物流最適化を図ることができます。3PLの形態としては、物流設備を持っておらず企業の戦略物流部門としての役割だけを持つ「ノンアセット型」と、自社で設備を保有している「アセット型」があります。

　欧米では3PLの形態が盛んになっています。今後は日本でも同様の展開が予想されているので、ぜひ覚えておきましょう。

出題傾向のポイント

　ミルクランシステムの問題は出題頻度が高いです。語源（酪農家と牛乳業者の話）を思い出せば、簡単に正解できると思います。

3 物流の機能と情報の役割

物流の主な機能について学びます。また、物流と情報やサプライチェーンとの関連についても押さえておきましょう。

◇ 物流 5 大機能

1-4 節で述べたとおり、物流 5 大機能とは①輸送、②保管、③荷役、④流通加工、⑤包装です。それぞれについて内容を理解しておきましょう（下図も参照）。

●物流 5 大機能

①輸送：貨物の距離的な隔たりを埋める（A地点からB地点に移動させる）

②保管：適正な状態で一定の期間だけ保管する

③荷役：貨物のトラック、船舶等への積み込みと積み下ろし、出入庫やピッキング

④流通加工：流通の段階で行われる軽微な加工・組立（値札付けなど）

⑤包装：輸送や保管を安全に行うため、商品を保護する

物流 5 大機能*

①輸送
A地点から B地点への移動をすること

②保管
A地点で適正な状態で貯蔵（保管）を行うこと

③荷役
A地点での入庫、出庫、ピッキング、積み付け、仕分けなどの荷扱い作業のこと

A地点 → B地点

④流通加工
値札付けや一部組付作業など、従来なら発注者が行っていた一部の加工業務

⑤包装
輸送や保管を安全に行うため、商品などを保護すること

＊**物流5大機能**　『図解よくわかる物流のすべて』（角井亮一著、日本実業出版社、2007年）の「物流5大機能とは」p.19を引用・一部改変して作成。

◇ 物流における情報の役割とサプライチェーンマネジメント

今日の物流業務では、物流5大機能に加えて「情報」の扱いが重要です。物流のどの領域においても、「情報」は非常に大きな役割を担っています。例えば、調達情報はEDI（電子データ交換）システムを利用して調達先と共有します。また、販売情報はPOS（販売時点情報管理）システムを利用して伝達され、物流の最適化に用いられます。さらに、これらの情報は今後の生産計画や調達計画にも反映されます。

近年は非常に変化の激しい事業環境に置かれている企業が多く、これらの情報を適切に用いて、生産・販売計画を随時見直していくことが求められています。近年、急速に広まりつつあるサプライチェーンマネジメントの手法においても、物流業務で得られた情報が活用されています。

◇ 保管機能におけるトレードオフ関係

保管業務では、「一定のスペース内にいかに多くの品物を保管するか」（保管効率）、「入出庫をいかに効率的に行うか」（入出庫効率）という2点が求められます。

しかしながら、保管効率と入出庫効率は相反関係（トレードオフの関係）になることがあります。保管効率を上げようとして品物を立体的に高く積み上げて保管すると、品物を取り出すときの手間が増えてしまいます（入出庫効率が下がる）。これらのバランスをとりながら保管業務を行うことが大切です。

◇ 荷役業務の具体例

荷役業務の具体的な内容についてイメージしにくい方もおられると思います。荷役には具体的に次のような業務が含まれるので、覚えておきましょう。

①トラックからの積み下ろし	②入荷検品
③入庫仕分け	④入庫
⑤格納	⑥ピッキング
⑦出庫	⑧仕分け
⑨出荷検品	⑩トラックへの積み込み

4 国際物流

日本は貿易立国です。生産管理担当者は、輸出・輸入のどちらも扱うことがあります。
そのため、国際貿易について知っておくのが望ましいといえます。

◇ インコタームズとは

　インコタームズとは、国際商業会議所が定めた国際取引条件です。特に、売主と買
主の費用負担と危険負担が変わるポイントおよびその内容、引き渡し場所などの
ルールが定められています。最新のインコタームズ2020では、11種類の取引条件
が定められています（次ページの表を参照）。国際物流では非常に重要なルールです。

◇ 国際物流で使用される様々な用語

　国際物流では、インコタームズのほかにも、日ごろなじみのない様々な用語が使
われます。ここでは、比較的よく使用する用語のうち、知っていた方がよいと思われ
るものを以下にまとめておきます。

①バンニング：貨物コンテナなどに貨物を積み込むこと
②デバンニング：貨物コンテナなどから貨物を取り出すこと
③キャリア：航空会社もしくは海運会社
④フォワーダー：国際物流の輸送の手配など、各種業務を請け負う業者
⑤インボイス：輸出者が輸入者にあてて作成する貨物の明細書
⑥パッキングリスト：貨物の明細（数、重さ、サイズ、品名、荷姿など）を示したリスト
⑦原産地証明：貨物の原産地を証明する書類
⑧保険証券：貨物に保険が付与されていることの証明
⑨B/L：船荷証券（Bill of Lading）のこと。船会社が発行する荷物の受取証。航空
　　貨物では、AWB（Air Waybill）が用いられる
⑩L/C：信用状（Letter of Credit）による取引。貿易取引代金の決済を、銀行を通
　　して行う方法
⑪燻蒸処理：木材に付着した虫が輸出先に生きた状態で侵入するのを防ぐため、
　　熱処理などを行うこと

インコタームズ 2020 *

インコタームズ 2020	取引条件 EXW	FCA	CPT	CIP	DAP	DPU	DDP	FAS	FOB	CFR	CIF
輸出通関		輸出者									
輸入通関		輸入者						輸入者			
引渡し場所（区分）		輸出国				輸入国		輸入国	輸出港		輸入港	
引渡し場所	工場・倉庫等	輸入者指定の運送人・場所	運送人・場所（輸出者指定の）	輸出者指定の運送人・場所	輸出者指定の運送人・場所	指定場所	指定場所	指定場所	本船船側	本船上	本船上	本船上

費用：インコタームズ別費用負担

区分	No.	費用	内容
国内	1	商品本体価格	
国内	2	利益	
国内	3	梱包費	輸出用梱包・シッピングマーク（自社・輸出梱包業者）
国内	4	貿易保険料	輸出者がコントロールできない、非常危険・信用危険の為の保険（NEXI）
国内	5	輸出許可・検査料	輸出許可（安全保障貿易管理）が必要な場合の手続き諸費用
国内	6	国内運送費	工場・倉庫から港の倉庫まで（運送業者）
国内	7	倉庫料	船積みまでの保管料
輸出港	8	輸出通関諸費用	通関料・港湾使用料等（税関）
輸出港	9	船積み費用	フォワーダー手数料・コンテナ詰めの費用等
輸送中	10	国際運賃（海上・航空）	仕向港までの運賃（船社・航空会社・フォワーダー・FedEx等）
輸送中	11	輸送保険料	輸送中の保険（保険会社）
輸入港	12	荷降ろし・陸揚費用	フォワーダー手数料・コンテナ荷降ろし費用等
輸入港	13	輸入許可・検査料	輸入許可が必要な場合の費用
輸入港	14	輸入通関料	通関料・港湾使用料等
輸入港	15	関税・消費税等	輸入関税・消費税（税関）
輸入国	16	国内運送費	港から指定場所

＊インコタームズ 2020　東京商工会議所「海外ビジネスハンドブック」より（https://www.tokyo-cci.or.jp/file.jsp?id=1020674）。

⑫海上コンテナ：海上輸送で使用されるコンテナ。用途やサイズで呼び分けられる（ノーマルタイプ、ハイキューブ、オープントップなど）

⑬ULD：航空機用のコンテナ（Unit Load Device）

◇ 参考情報

　国際物流では、木でつくられた箱（木箱）が用いられることがあります。木箱の構造、作成方法や寸法などについて、JIS規格「木箱の構造（JIS Z 1402）」にまとめられています。大変参考になる内容なので、ご一読をおすすめします。

出題傾向のポイント

　国際物流に関わる用語として**バンニング**、および**デバンニング**が強調されています。出題される可能性があります。定義を覚えておきましょう。

第6章　物流管理

COLUMN　英語を学ぶこと

　筆者は社会人になってから英語の勉強を始めて、英会話やTOEIC対策などを集中的に行った時期がありました。その甲斐もあって、TOEICで900点以上とれるようになり（リスニングは満点をとったことも）、外国人とのやりとりが苦ではなくなってきました。

　特にこの章で扱った輸出や輸入などの国際物流業務では、英語でのやり取りが多いです。英語ができると、そのような場面で非常に便利です。

　また、生産管理で何か技術的に困ったとき、英語で書かれた文献（原著論文など）を読むことができます。原著論文を読めば学術的に正しい情報に行きつくことができます。どの業界にいても、英語を勉強しておいて損はありません。

　生産管理者の担当者として、英語を勉強しておいてよかったと思うことは、はかにもたくさんあります。皆さんも積極的に英語を学んでみてください。

試験対策問題

次の設問に○×で解答しなさい。

【設問】

(1) 倉庫において、保管効率は入出庫効率と相反関係にある。

(2) ミルクランは販売物流の一種である。

(3) マテリアルハンドリングは、生産拠点内や物流拠点内で、原材料、仕掛品、製品などを移動させることである。

(4) 運搬活性を高めるためには、部品等を床などに直置きするのがよい。

(5) ピッキングには、摘み取り方式と種まき方式がある。

【正解と解説】

(1) ○

記載のとおり。

(2) ×

誤り。ミルクランは調達物流の一種である。

(3) ○

記載のとおり。

(4) ×

箱に入れる、パレットに載せる、台車に置く、コンベアやシューターに入れる、などで運搬しやすくなり、運搬活性が向上する。

(5) ○

記載のとおり。

第  章

品質管理

　日本の製造業の強みは「品質」だといわれています。この
章では、品質管理の意義や具体的な手法を学んでいきます。
特に「QC 7つ道具」は実際の業務での使用頻度が高いツール
なので、使いこなせるようにしておきましょう。

品質管理の概要

製品に持たせるべき品質のレベルは、生産者が決定するのではなく、「顧客ニーズに合っているかどうか」によって決定します。顧客ニーズにマッチした品質を経済的につくり出すための体系的な手段が品質管理です。

◇ 総合的な品質管理が求められている

「品質」といえば「製造部門や品質保証部門だけが関係している」という捉え方をされてしまう場合があります。しかし、品質はそれらの部門だけで管理できるものではありません。顧客のニーズに合った品質を達成するには、客先のニーズの把握から、設計時の品質のつくり込み、製造、物流、販売およびアフターサービスに至るまで、総合的に管理する必要があります。このように、品質管理は経営者と社内の全部門が協力しながら行う大きな取り組みです。近年はこの考え方を**TQM**＊（総合的品質管理）と呼び、企業の活動全体を対象として品質管理活動を実施する動きが広がっています。

◇ 品質管理で扱う品質とは

品質管理では、次の3種類の品質を扱います。品質管理の業務では非常に重要な考え方なので、覚えておきましょう。

①要求品質

顧客が要求する品質のこと。「市場品質」ともいう。

②設計品質

設計者が設計仕様書や設計図の中で示している品質のこと。技術やコスト、販売などを総合的に考えて決定する。「ねらいの品質」ともいう。

③製造品質

生産する部品の実際の品質のこと。製品のバラツキを考慮する必要がある。「できばえの品質」「適合品質」ともいう。

＊**TQM**　Total Quality Management の略。

◇「標準化」と「PDCA サイクル」の重要性

　全社的な品質管理のためには、業務を標準化し、それを社内で活用していくことが必要です。しかしながら、一度つくった社内標準をずっと使用し続けていくことはできません。なぜならば、標準に記載されている内容は、年月が進むにつれて陳腐化してしまうからです。また、単純にルールを守り続けているだけでは、品質管理レベルを改善していくことができません。そのため、品質管理活動では「標準の維持管理」と「改善」が必要です。

　ここで役立つのが、1-5 節でも解説した「PDCA サイクル」（計画-実施-評価-対策）の考え方です。作成した標準をそのまま適用して満足するのではなく、適用した結果を評価し、改善・修正すべき点を拾い出して、標準を改定したり新しい標準を作成したりします。改定された標準についても、それを適用して結果を評価し、さらに改善する……というサイクルを継続していくことで、社内標準は陳腐化せずに済み、常によりよいものに改善されていきます。このようにして、組織の品質管理能力がスパイラル状に向上していくのです。

標準の維持管理と PDCA サイクルによる改善の概念*

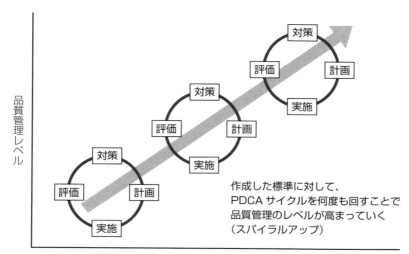

作成した標準に対して、
PDCA サイクルを何度も回すことで
品質管理のレベルが高まっていく
（スパイラルアップ）

＊…による改善の概念　『生産管理BASIC級』（渡邊一衛監修、社会保険研究所、2016 年）の「余裕の分類とその内容」
　　p.185 を引用・改変。

品質管理とデータ活用

品質管理を行うには、客観的な事実に基づく定量的なデータを取得・活用していく必要があります。取得したデータは日常管理、検査、改善などのために使用されます。

◇ なぜデータによる管理が重要か

　生産活動をしていく中で、どうしても「バラツキ」が生じます。そのため、品質管理にあたっては、バラツキをどのように扱っていくかが重要です。バラツキには統計的な規則性があるので、この規則性を活用することで管理レベルを高めていくことができます。実際のデータによる管理では、一般に平均値とバラツキを活用した管理が進められます。

　品質管理では、勘や経験に頼った判断は禁物です。客観的な事実（データ）を用いて管理していく必要上、品質管理活動には**データ主義**という原則があることを覚えておきましょう。

◇ 母集団とサンプル

　同一の部品（ボルトやワッシャーなど）を非常に多く製造していて、製造単位（ロット）ごとに検査する場合、すべての部品を検査することは現実的に不可能です。このような場合、製造された部品の一部をサンプルとして抜き出して、製造単位全体の合格や不合格を判断することがあります。このとき、製造単位のことを**母集団**、抜き出した一部の部品を**サンプル**と呼びます。

　抜き出したサンプルを検査・調査することで、母集団を推定することができます。品質管理の業務では、このような統計的な手法を活用し、製品の品質や工程の状況を管理していきます。サンプルを取り出すことを**サンプリング**といいます。その中でも無作為にサンプリングすることはランダムサンプリングと呼ばれ、業務で活用される手法です。

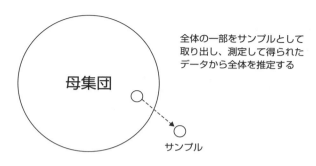

サンプルと母集団の関係

母集団

全体の一部をサンプルとして
取り出し、測定して得られた
データから全体を推定する

サンプル

◇ 計量値と計数値

統計的に用いられる数値には次の2種類があります。

①計量値

・長さ、重さ、温度、時間など、連続した値。

・正規分布に従うことが多い。

②計数値

・不適合品数、キズの数、故障件数など、個数として数えることのできる値。

・二項分布やポアソン分布に従うことが多い。

出題傾向のポイント

　データをとる目的は、取り出したサンプルを測定し、その結果から母集団を推定することです。この基本的な考え方が出題されるケースもあるので、確実に押さえておきましょう。

3 パレート図、特性要因図、グラフ (QC 7つ道具①)

業務で実践的に活用できる品質管理手法のパッケージが「QC 7つ道具」です。これに含まれる 7 つの手法が様々な業種で広く使用されているので、確実に覚えましょう。

◇ QC 7つ道具とは

品質管理活動を体系的に進めていくにあたり、使用しやすい手法を 7 つまとめたものを **QC 7つ道具**といいます。この呼び方は、品質管理の普及事業を進める日本科学技術連盟(日科技連)が提唱したもののようです。QC 7つ道具のほかに、**新 QC 7つ道具**と呼ばれるものもあり、それぞれに含まれる手法と特徴は次表のとおりです。ここでは QC 7つ道具に含まれる 7 つの手法を順に解説していきます。

QC 7つ道具と新 QC 7つ道具

	QC 7つ道具	新 QC 7つ道具
含まれる手法	パレート図	親和図法
	特性要因図	連関図法
	グラフ	系統図法
	ヒストグラム	マトリックス図法
	散布図	アローダイアグラム法
	管理図	PDPC 法
	チェックシート	マトリックスデータ解析法
特徴	定量的な数値解析に用いられることが多い	定性的な言語データを整理するために用いられることが多い

◇ パレート図

パレート図とは、項目別の出現頻度の大きさを棒グラフの形で「大きい順」に並べるとともに、その発生割合の累積和を折れ線グラフで表した図のことです。実際にパレート図を作成して、改善の着眼点と流れを学んでみましょう。

①製品Aの不良の出現頻度と内容を整理した結果、次表の情報が得られました。

製品 A の不良発生状況

不良内容	回数	割合	累積割合
穴加工漏れ	71	39.4%	39.4%
ねじの締め忘れ	40	22.2%	61.7%
バリ取り漏れ	35	19.4%	81.1%
塗装剥がれ	20	11.1%	92.2%
直径公差外れ	8	4.4%	96.7%
傷入り	3	1.7%	98.3%
刻印漏れ	3	1.7%	100.0%
合計	180	100%	

②この結果をもとにパレート図を作成しました（次図）。

　ここで、不良発生件数が小さい項目（本ケースでは3回以下のもの）は「その他」としてまとめています。

製品 A のパレート図

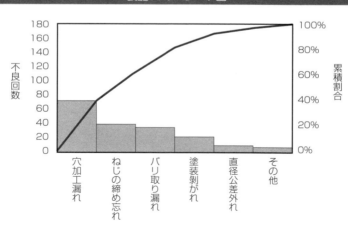

③この結果、不良内容の上位3つだけで80%以上の累積和となっていることから、上位3つの不良内容に絞って品質改善活動をすることにしました。

　この例のように、パレート図を用いれば、不良の内容がたくさんあった場合でも、集中して対策すべき少数の項目を見つけ出すことができます。すべての不良を一気にに根絶しようとすると大変です。まずは頻度の高い不良内容に着目して改善を進めていくことで、効率的に品質管理業務を進めることができます。

◇ 特性要因図

　特性要因図は「特定の結果と原因系の関係を系統的に表した図」と定義されています。品質管理の業界では、「結果」を**特性**、「原因」を**要因**と呼んでいるために、特性と要因を整理した図、すなわち**特性要因図**と名付けられたわけです。魚の骨の形に似ているので、**フィッシュボーンダイアグラム**と呼ぶこともあります。特性要因図は次の手順で作成します。

①右端に特性を記載し、背骨（真ん中の矢印）を描く。
②要因を「生産の4M（Man〈人〉、Machine〈機械・設備〉、Material〈材料〉、Method〈方法〉）の視点で整理し、背骨につないでいく。
③要因項目をさらに細分化してつなげていく。

特性要因図の例

　特性要因図は、その仕事に携わっている者、熟知している作業者、技術者などが全員参加で作成することが望ましいとされています。特性要因図を作成していく中で、真の原因の究明ができれば、不具合の再発防止に向けて改善が行われます。

◇ グラフ

　グラフは、数字、文字、言葉のデータを所定のルールに従って整理し、視覚的に表現した図のことです。品質管理では、折れ線グラフ、棒グラフ、円グラフ、帯グラフ、層グラフ、レーダーチャートなどが使用されます。それぞれのグラフは、目的や「何を表現したいか」などによって使い分けます。

　例えば、折れ線グラフは温度変化などを表現するのに適しています。レーダーチャートは製品の顧客からの評価を視覚的に示す場合などに適しています。

様々な種類のグラフ

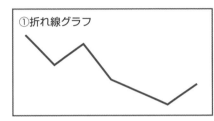

①折れ線グラフ

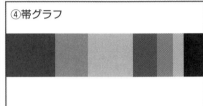

④帯グラフ

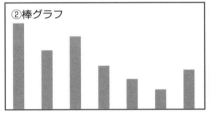

②棒グラフ

⑤層グラフ

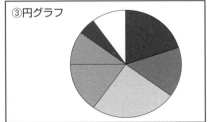

③円グラフ

⑥レーダーチャート

第7章 品質管理

 4 ヒストグラム（QC 7つ道具②）

引き続き、QC 7つ道具の1つであるヒストグラムについて学びます。ヒストグラムの作成には「コツ」があります。実際の業務でも使用できるように、実習しながら作成方法を学んでいきましょう。

◆ヒストグラムは

ヒストグラムとは、縦軸にデータ数（度数）、横軸にデータ数値の区間をとった棒グラフです。ヒストグラムは、製品品質の状態や製品規格との関係を、視覚的に把握するのに適した品質管理手法です。一般に、安定した工程のヒストグラムは左右対称のきれいな釣鐘型（一般形）をしていますが、何か異常があると形状に変化が出てきます。異常な形としては、離れ小島型、絶壁型、歯抜け型などが見られます。ヒストグラムを定期的に確認していれば、品質上の問題を把握しやすくなります。

◆ヒストグラムの作成手順

ヒストグラムの作成にはコツが必要です。実際にヒストグラムを作成して覚えていくのが効率的です。ここでは、ある部品の直径の計測データからヒストグラムを作成してみましょう。

【製品の仕様】

　製品名：部品B

　要求寸法：直径90mm ± 0.5mm

●ヒストグラムの作成

①寸法の計測（データの収集）をします。

この製品をランダムサンプリングして100個抜き取り、マイクロメーター（計測機器）を使用して寸法を計測したところ、次表のデータが得られました。

部品の直径計測データ（100個分）

90.11	89.70	90.20	89.54	90.21	90.08	90.34	89.73	90.05	90.46
89.53	89.89	90.06	90.05	90.45	90.05	90.46	89.90	90.51	90.08
89.91	89.93	90.02	89.77	89.99	89.86	90.50	89.50	89.83	90.15
90.45	89.60	90.35	90.05	90.25	90.36	90.09	89.80	90.08	89.78
90.05	89.81	90.28	90.23	90.10	90.05	90.01	90.30	90.13	90.01
89.98	90.39	90.56	89.90	90.02	89.91	90.05	90.18	90.35	89.65
89.62	90.19	90.06	90.49	89.96	90.23	90.16	89.97	90.30	90.02
90.29	90.26	90.42	90.37	90.30	90.02	90.02	89.88	89.89	90.07
90.25	90.06	89.93	90.00	89.51	90.13	90.30	90.12	90.40	90.19
90.15	90.35	90.46	89.75	90.16	89.63	89.90	90.21	90.11	90.26

②このデータの中から最大値と最小値を探します。

最大値：90.56

最小値：89.50

データから最大値および最小値を見つける

90.11	89.70	90.20	89.54	90.21	90.08	90.34	89.73	90.05	90.46
89.53	89.89	90.06	90.05	90.45	90.05	90.46	89.90	90.51	90.08
89.91	89.93	90.02	89.77	89.99	89.86	90.50	**89.50**	89.83	90.15
90.45	89.60	90.35	90.05	90.25	90.36	90.09	89.80	90.08	89.78
90.05	89.81	90.28	90.23	90.10	90.05	90.01	90.30	90.13	90.01
89.98	90.39	**90.56**	89.90	90.02	89.91	90.05	90.18	90.35	89.65
89.62	90.19	90.06	90.49	89.96	90.23	90.16	89.97	90.30	90.02
90.29	90.26	90.42	90.37	90.30	90.02	90.02	89.88	89.89	90.07
90.25	90.06	89.93	90.00	89.51	90.13	90.30	90.12	90.40	90.19
90.15	90.35	90.46	89.75	90.16	89.63	89.90	90.21	90.11	90.26

③区間の数を決定します。

　　ヒストグラムの区間の数を決定するためには、次の式を用いるのが一般的です。

$$区間数 = \sqrt{データ数}$$

　　今回の場合、データ数が100個でしたので、区間数は10となります。

④区間の幅を決定します。

　　区間の幅の決定には次の式を使用します。

$$区間の幅 = \frac{データの最大値 - データの最小値}{区間の数}$$

　　今回、代入する数字は次のとおりです。

　　　データの最大値：90.56

　　　データの最小値：89.50

　　　区間の数：10

　　計算すると、区間の幅は0.106となります。しかしながら、この計測器では0.001単位での測定はできません。測定の最小単位は0.01です。そのため、測定の最小単位の0.01に合わせて数値を丸めます。結果的に、区間の幅は0.11と設定しました。

⑤第一区間の境界値と中間値を求めます。

　　第一区間（ヒストグラムの1番左に来る、数値が小さい区間）の上下の境界値と中間値を求めます。これらを求めることによって、ヒストグラム全体の区間の境界値と中間値が明確になるからです。第一区間の境界値（下限値と上限値）および中間値を求めるには、次の式を利用します。

$$第一区間の下限値 = データの最小値 - \frac{測定の刻み}{2}$$

$$第一区間の上限値 = 第一区間の下限値 + 区間の幅$$

今回、代入する数値は次のとおりです。

　データの最小値：89.50

　測定の刻み（最小単位）：0.01

　区間の幅：0.11

計算すると次のようになります。

　第一区間の下限値：89.495

　第一区間の上限値：89.605

　第一区間の中心値（下限値と上限値の真ん中）：89.550

⑥すべての区間の境界値と中間値を求めます。

　第一区間で求めた「下限値」、「上限値」、「中心値」の数値に区間の幅（0.11）を足せば、第二区間の「下限値」「上限値」「中心値」が求められます。これを繰り返して、最終区間まで計算を続けます。

全区間の境界と中心値の決定結果

No.	区間			中心値
1	89.495	～	89.605	89.550
2	89.605	～	89.715	89.660
3	89.715	～	89.825	89.770
4	89.825	～	89.935	89.880
5	89.935	～	90.045	89.990
6	90.045	～	90.155	90.100
7	90.155	～	90.265	90.210
8	90.265	～	90.375	90.320
9	90.375	～	90.485	90.430
10	90.485	～	90.595	90.540

⑦区間ごとの度数を集計します。

　区間ごとに「数値が何回出現するか」（度数）をカウントしていきます。

No.	区間			中心値	度数
1	89.495	～	89.605	89.550	5
2	89.605	～	89.715	89.660	4
3	89.715	～	89.825	89.770	6
4	89.825	～	89.935	89.880	12
5	89.935	～	90.045	89.990	12
6	90.045	～	90.155	90.100	23
7	90.155	～	90.265	90.210	14
8	90.265	～	90.375	90.320	12
9	90.375	～	90.485	90.430	8
10	90.485	～	90.595	90.540	4

⑧次の手順でヒストグラムを作成します。

・区間ごとの度数を集計した表から、棒グラフを作成する。

・棒グラフと棒グラフの間の隙間がなくなるように、グラフを調整する。

・管理下限値と管理上限値（今回は90±0.5mm）の位置に線を引く。

・平均値の位置に線を引く（今回は90.08）。

完成したヒストグラム

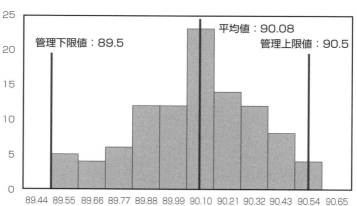

散布図（QC7つ道具③）

ここでは散布図について学んでいきましょう。相関係数など統計的な用語が出てくる手法ですが、概念を理解しておけば十分です。

◇ 散布図

　散布図とは、2つの変数の関係性をプロットしたグラフです。例えば、「製造時の温度差と寸法誤差の間には強い相関関係がありそうだ」などという着眼点で分析できるので、品質管理の業務において非常に便利なツールです。散布図の形には次図のようなパターンがあります。

散布図のパターン

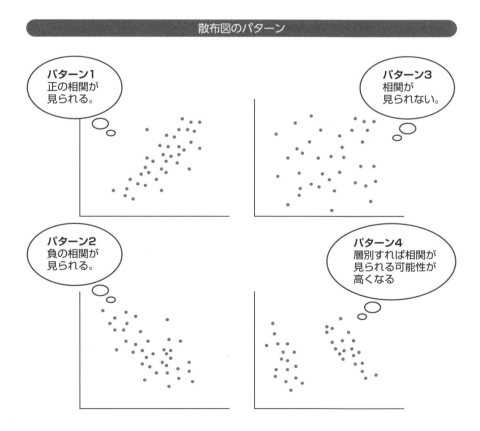

　図中に**層別**という言葉が出てきました。層別は、品質管理でよく使われる考え方です。実際に品質管理業務をしていると、扱いづらいデータや、相関関係がなさそうなデータに出くわすことがあります。そのようなときに、データを何らかの要因ごとの層に分けて（グループ分けして）分析すると、傾向が見えてくることがあります。例えば、一見、相関関係はなさそうだったのに、作業者ごとや設備ごとに散布図を層別して作成してみたところ、実は非常に強い相関があることが判明した――というような事例があります。

◇ 相関係数

　散布図に見られる相関の強さを数値で表す際に用いられる係数のことを、**相関係数**といいます。相関係数は2つの変数のそれぞれの平方和および積和により、次の式で計算されます。この計算式は、ビジネス・キャリア検定では出題されていませんが、業務で必要な方は、統計学の入門書などで学習することをおすすめします。

$$r = \frac{S_{xy}}{\sqrt{S_x} \times \sqrt{S_y}}$$

S_x：xの平方和（$x_1^2 + x_2^2 + \cdots$）
S_y：yの平方和（$y_1^2 + y_2^2 + \cdots$）
S_{xy}：xとyの積和（$x_1 y_1 + x_2 y_2 + \cdots$）

　相関係数の計算結果をもとに、相関の強さを次のように判定します。

$r \geq 0.8$	強い相関がある
$0.8 > r \geq 0.6$	相関がある
$0.6 > r \geq 0.4$	弱い相関がある
$r < 0.4$	ほとんど相関がない

6

管理図、チェックシート
（QC7つ道具④）

管理図は、統計的な用語が出てくるので少々難解かもしれませんが、散布図と同様にイメージをつかんでおきましょう。チェックシートは、確認や記録が簡単にできるため製造現場で広く使われています。ご自分の業務で利用できるように工夫しましょう。

◇ 管理図とは

管理図とは、連続した観測値もしくは群のある統計量の値を、通常は時間順またはサンプル番号順に打点したものです。管理図には、上方管理限界線と下方管理限界線のどちらか一方、あるいは両方が引いてある場合があります。管理図は次の視点で確認していきます。

①管理限界線で示された範囲内に数値が入っているか？
②打点したデータにおかしな傾向（クセ）がないか？

　管理図には様々な種類がありますが、本書では代表的な x̄-R 管理図について紹介します。

◇ 管理図の作成手順

　ここでは、実際に x̄-R 管理図を描く手順を見ていきましょう。1日に5回（n=5）、30日間（k=30）にわたって測定を行い、データを取得できました。

（1）取得したデータについて、次の計算をして表にまとめる

> ①1つの群（ここでは1日）の各測定値：$x_{1～5}$
>
> ②各群の測定値の合計（ここでは1日の測定値の合計）：Σx
>
> ③各群の測定値の平均（ここでは1日の測定値の平均）：$\bar{x}$
>
> ④群ごとの範囲（群ごとの測定値の最大から最小を引いたもの）：R

　次の表が得られるので、これを元データとして、管理図を作成していきます。

測定値と管理図作成に必要なデータをまとめた表

群番号	測定値					計	平均値	範囲
	x_1	x_2	x_3	x_4	x_5	Σx	$\bar{x}$	R
1	50.1	52.1	51.0	52.0	50.2	255.4	51.08	2.0
2	50.0	51.3	51.8	50.9	50.3	254.3	50.86	1.8
3	50.8	50.5	51.5	50.9	50.8	254.5	50.90	1.0
4	50.1	50.5	51.0	50.9	50.2	252.7	50.54	0.9
5	50.0	51.3	51.8	50.9	50.3	254.3	50.86	1.8
6	50.8	50.5	51.5	50.9	50.8	254.5	50.90	1.0
7	50.1	50.5	51.0	50.9	50.2	252.7	50.54	0.9
8	50.0	51.3	51.8	50.9	50.3	254.3	50.86	1.8
9	50.8	50.5	51.5	50.9	50.8	254.5	50.90	1.0
10	50.0	50.0	50.5	51.0	50.0	251.5	50.30	1.0
11	51.2	52.0	50.0	51.0	49.9	254.1	50.82	2.1
12	50.1	50.5	51.0	50.9	50.2	252.7	50.54	0.9
13	50.0	51.3	51.8	50.9	50.3	254.3	50.86	1.8
14	50.8	50.5	51.5	50.9	50.8	254.5	50.90	1.0
15	50.0	50.9	50.6	51.0	52.0	254.5	50.90	2.0
16	50.1	50.5	51.0	50.9	50.2	252.7	50.54	0.9
17	50.0	51.3	51.8	50.9	50.6	254.6	50.92	1.8
18	50.8	50.5	51.5	50.9	50.8	254.5	50.90	1.0
19	50.1	50.5	51.0	50.9	50.2	252.7	50.54	0.9
20	50.0	51.3	51.8	50.9	50.3	254.3	50.86	1.8
21	50.8	50.5	51.5	50.9	50.8	254.5	50.90	1.0
22	50.1	50.5	51.0	50.9	50.2	252.7	50.54	0.9
23	50.0	51.3	51.8	50.9	50.3	254.3	50.86	1.8
24	51.0	51.0	52.0	51.0	52.0	257.0	51.40	1.0
25	50.0	50.9	50.6	51.0	52.0	254.5	50.90	2.0
26	52.0	52.0	50.0	50.0	51.0	255.0	51.00	2.0
27	51.2	52.0	50.0	51.0	49.9	254.1	50.82	2.1
28	51.0	51.0	52.0	51.0	52.0	257.0	51.40	1.0
29	51.0	51.0	52.0	51.0	52.0	257.0	51.40	1.0
30	50.0	50.9	50.6	51.0	52.0	254.5	50.90	2.0
						合計	1525.64	42.20
						平均値	50.85	1.41

（2）管理図の中心線の決定

①x̄管理図の中心線の決定

「群ごとの平均値の平均値」が中心線です。

表から読み取ると、50.85です。

$$\bar{\bar{x}} = 50.85$$

②R管理図の中心線の決定

「群ごとの範囲の平均値」が中心線です。

表から読み取ると、1.41です。

$$\bar{R} = 1.41$$

（3）x̄管理図の管理限界線の計算

上方管理限界線（UCL）および下方管理限界線（LCL）は、次の式で計算します。A_2は群の大きさnから決まる係数であり、次ページの表から読み取ります。

$$UCL = \bar{\bar{x}} + A_2 \times \bar{R}$$
$$= 50.85 + 0.58 \times 1.41 = 51.67$$
$$LCL = \bar{\bar{x}} - A_2 \times \bar{R}$$
$$= 50.85 - 0.58 \times 1.41 = 50.03$$

（4）R管理図の管理限界線の計算

上方管理限界線（UCL）および下方管理限界線（LCL）は、次の式で計算します。D_3およびD_4は群の大きさnから決まる係数で、次ページの表から読み取ります。

$$UCL = D_4 \times \bar{R}$$
$$= 2.11 \times 1.41 = 2.98$$
$$LCL = D_3 \times \bar{R}$$
$$LCLはなし$$

UCL および LCL を計算するための係数表

群の大きさ (n)	x̄ 管理図	R 管理図	
	A_2	D_3	D_4
2	1.88		3.27
3	1.02		2.57
4	0.73		2.28
5	0.58		2.11
6	0.48		2.00
7	0.42	0.08	1.92
8	0.37	0.14	1.86
9	0.34	0.18	1.82
10	0.31	0.22	1.78

(5) 管理図作成

x̄ および R と、いままで計算してきた数値をもとに、管理図を作成します。

作成した管理図

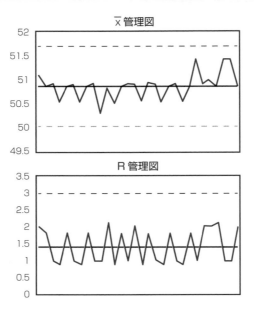

162

◇ チェックシートとは

　日常の管理において、所定のチェック項目に沿って点検したり記録したりするのに便利な記録用紙です。製造現場などで広く用いられています。チェックシートには定量的なものと定性的なものがあり、用途によって使い分けられます。

▼装置A出荷前点検用チェックシート

項目	チェック	担当者
検査記録はすべて揃っているか？	∨	山田
外観カバーに汚れはないか？	∨	山田
外観カバーに凹みはないか？	∨	山田
包装の状態はよいか？	∨	田中

▼装置A組立不具合記録用チェックシート

不具合項目	01 月	02 火	03 水	04 木	05 金	06 土	07 日	合計
不適合項目	/		///	/			/	8
締め付けトルク不足		/						1
組立向き間違い	////	///	/	~~////~~	//	///	/	19
部品の組み間違い			/	/	/		/	4
運搬中の傷入り	/	//		//		//	//	9
合計	6	6	3	11	4	6	5	41

出題傾向のポイント

　ビジネス・キャリア検定の公式テキストには、「QC 7つ道具」という言葉は出てきません。とはいえ、管理図を除くすべての内容がテキスト内に記載されており、実際の試験でもQC 7つ道具を意識した出題傾向があります。何よりも、QC 7つ道具は実務で非常に役立つ品質管理パッケージですので、しっかり使いこなせるようになりましょう。

第7章　品質管理

7 PQCDSME と QC ストーリー

品質改善を進めるにあたって、問題点を把握するための着眼点として PQCDSME がよく用いられます。また、改善活動は QC ストーリーの手順に従って行えば効果を出しやすいことが知られています。

◇ PQCDSME とは

品質改善活動を行う際、問題点抽出の着眼点としてPQCDSMEが知られています。Productivity（生産性）、Quality（品質）、Cost（コスト）、Delivery（納期）、Safety（安全）、Morale（士気、やる気）、Environment（環境）の頭文字を取ったものです。これらは品質に直結するので、着眼点としてよく用いられます。

少し覚えにくいのですが、「QCDにP、S、M、Eを加えたもの」だというイメージを持っておけば忘れにくいです。

PQCDSME の覚え方

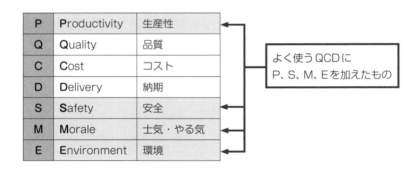

P	**P**roductivity	生産性
Q	**Q**uality	品質
C	**C**ost	コスト
D	**D**elivery	納期
S	**S**afety	安全
M	**M**orale	士気・やる気
E	**E**nvironment	環境

よく使うQCDに
P、S、M、Eを加えたもの

このほかに、4M（人、機械/設備、材料、方法）や3ム（ムリ、ムダ、ムラ）なども改善の着眼点になります。こういった着眼点は、品質改善だけでなく、現場の生産性改善でも用いられるので、覚えておきましょう。

◇ QCストーリー

QCストーリーとは、品質改善活動を効果的に行うための手順を定めたものです。ここで指定された構成要素に基づいて改善活動をすれば、改善の効果を出しやすいため、現場で行われる品質改善活動（QCサークル）などで活用されています。よく使用されるQCストーリーは、問題解決型と課題解決型です。

①問題解決型QCストーリー

業務上の問題を解決することが目的。「あるべき姿」と現状のギャップを埋める活動を行っていく。

現状、明確になっている問題の原因を追究し、解決するもの。

②課題達成型QCストーリー

業務を改善するなど、課題・目標を達成することが目的。「ありたい姿」と現状のギャップを埋める活動を行っていく。

将来達成したい姿を目指すもの。

問題解決型と課題解決型のQCストーリーの手順比較*

問題解決型	課題達成型
テーマの選定	
手順の選択	
現状把握	攻め所の目標の設定
目標の設定	
要因の解析	
対策の検討	方策の立案
	成功のシナリオの追求
対策の実施	成功のシナリオの実施
効果の確認	
標準化（歯止め）と管理の定着	
反省と今後の対応	

*…の手順比較　『1回で合格！ QC検定3級テキスト＆問題集』（高山均著、成美堂出版、2017年）の「問題解決型と課題解決型の手順の比較」p.172を引用・改変して作成。

第7章　品質管理

品質保証とその国際化

品質管理（QC）と品質保証（QA）の概念の違い、そして品質保証の国際化にどのように対応する必要があるか、について学びましょう。

◇ 品質管理と品質保証の違い

「品質管理」と「品質保証」という言葉はよく似ていますが、概念が異なります。ここではその違いについて学びましょう。

品質管理（QC＊）は、社内の品質管理活動に重点を置いており、製品の品質を「つくり手の視点」で管理します。

一方の**品質保証**（QA＊）は、「顧客視点」での品質を体系的に保証していく活動が中心となっています。製品は、何よりも顧客に満足してもらうことが重要だからです。そのためには、製造部門が不良を出さないようにするだけでは不十分です。企画・販売部門は顧客のニーズを的確に把握しなければなりませんし、設計部門はニーズに合った設計をする必要があります。アフターサービスも重要です。このように、品質保証という言葉は、「社内のすべての関連部門が一体となって、体系的に顧客満足を保証していく」という概念を表しているのです。

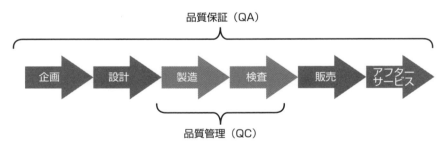

品質保証と品質管理の違い

次の表に示すように、品質体系において各部門には様々な役割があります。この体系を全社的な観点から整理・図示したものを**品質保証体系図**といいます。

＊**QC** Quality Controlの略。
＊**QA** Quality Assuranceの略。

品質保証体系における各部門の役割*

部門	役割
経営者	品質方針の決定、活動の効果の把握と改善
販売部門	顧客ニーズの把握と伝達、満足度の調査
設計部門	顧客ニーズに基づく設計、デザインレビューの実施
製造部門	工程での品質つくり込み、作業管理、設備の日常管理
出荷部門	誤発送防止のための倉庫・出荷管理
購買部門	購入先・外注先の選定、品質指導
品質保証部門	品質計画・検査規格の設定、計画の検証と不適合に対する是正勧告

◇ 品質保証の国際化と ISO 9000 シリーズ

　品質保証の国際規格化が推進され、1987年にはISO 9000シリーズ（日本国内ではJIS Q 9000シリーズ）という、**品質マネジメントシステム（QMS*）**にかかわる国際規格が制定されました。「シリーズ」ですので、品質マネジメント関連の一連の規格を指しています。

　この規格が制定された当初、日本ではTQCを中心とした独自の品質管理・品質保証システムが定着して成果を上げていたので、ISO 9000シリーズへの関心は低い状態でした。しかしながら、日本の製造業は輸出入を行っていることが多く、認証を受けていないことが取引の障害になる可能性が高まってきました。そのため、近年はこの国際規格の認証取得を進める会社が増えています。認証を受けるためには、審査登録機関による審査・登録を受ける必要があります。

出題傾向のポイント

　ISO 9000シリーズの制定までの経緯に関連して、EU市場統合やGATT（関税及び貿易に関する一般協定）が出題されたことがあります。

* **…の役割**　『生産管理BASIC級』（渡邊一衛監修、社会保険研究所、2016年）の「品質保証体系における各部門の役割」p.213を引用。
* **QMS**　Quality Management Systemの略。

9 クレームと製造物責任

近年はインターネットでの通信販売や SNS の利用が盛んになっているため、顧客からのクレームに対する対応に失敗すると、企業イメージが著しく悪化するなど、取り返しのつかない事態に発展することがあります。

◇ クレームへの対応

製品やサービスに対する顧客からの苦情を**クレーム**といいます。クレームは、単に不良品を出荷・販売してしまったときのみに発生するものではありません。顧客のニーズにマッチしていない製品やサービスが提供された場合にも発生します。

クレームに対して真摯に対応することは、企業が継続的に発展していくうえで非常に重要です。対応を誤まってしまうと、1つのクレームが大きな問題に発展し、企業が深刻なダメージを受け、場合によっては企業の存亡にかかわる事態に発展することもあるからです。

一般的なクレーム対応は、①クレームの内容を正確に把握する、②応急対応、③原因調査、④恒久対策（再発防止）、⑤再発防止策の水平展開——といった手順で行われます。応急対応の段階では、クレームのあった製品やサービスなどに対する直接的な対応のほかに、「説明責任」が求められることも多く、場合によってはマスコミ対応が必要となるケースもあります。忘れがちですが、恒久対策を打ったあと、他の製品やサービスに対しても、同様の原因による不具合の再発防止策を水平展開できないかどうか、検討しておくことが必要です。

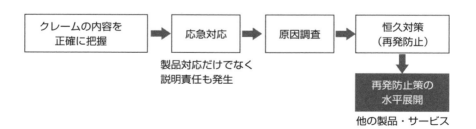

一般的なクレーム対応の流れ

```
クレームの内容を      応急対応       原因調査       恒久対策
  正確に把握                                    （再発防止）
                製品対応だけでなく                      │
                説明責任も発生                    再発防止策の
                                               水平展開

                                            他の製品・サービス
                                            にも水平展開する
```

◇トレーサビリティーの重要性

　クレームが発生したとき、その真の原因を把握したり、正しい応急処置や対策を実施したりするために、製造番号やロット番号などから不適合品の製造履歴を追跡できるトレーサビリティーの仕組みが非常に重要です。皆さんがスーパーマーケットなどで食料品を買ったときにも、裏に製造番号が付されていることが多いと思います。この番号を使えば、「いつ、どこで、どのように製造したか」を追跡することが可能になっているのです。

　この仕組みが確立されていれば、リコール（製品に欠陥が見つかり、生産者が公表して製品を回収・修理すること）となってしまった場合でも、製品の回収を円滑に行うことができます。

◇製造物責任

　製造物責任（PL＊） とは、製品の欠陥やその使用上の説明に不備があったためにユーザーに生じた、人的・物的被害に対して課される賠償責任のことです。欠陥は3つに分けられます（①設計上の欠陥、②製造上の欠陥、③使用上の指示・警告の欠陥）。日本では、1995年から製造物責任法が施行されました。これにより、製造者の製造物責任が明確になりました。

　製品の安全性を保証し、製造物責任の発生を防ぐため、設計段階でのFMEA＊（故障モード影響解析）やFTA＊（故障の木解析）などの手法を用いて、予期しない使い方や誤使用があった場合でも安全となるように配慮します。また、製造物責任予防（PLP＊）に体系的な活動として取り組みます。

第7章　品質管理

PLPの体系

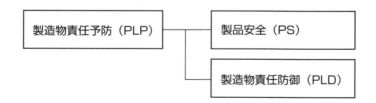

＊**PL**　　　Product Liabilityの略。
＊**FMEA**　Failure Mode and Effects Analysisの略。
＊**FTA**　　Fault Tree Analysisの略。
＊**PLP**　　Product Liability Preventionの略。

次の設問に○×で解答しなさい。

【設問】

(1) データをとる目的は、サンプルを測定して母集団の情報を得るためである。

(2) 特性要因図は管理者のみで作成するのが一般的であり、実際に携わっている作業者が作成に参加することはない。

(3) 製品やサービスに対する顧客からの苦情をクレームといい、製品の不良発生時だけでなく、顧客のニーズにマッチしていない製品やサービスが提供された場合にも発生する。

(4) パレート図は、適合品数や不適合数、不具合発生件数などの計数データから、その状況別や原因別などに層別して分析するために用いられる。

(5) 品質管理における管理のサイクルは、計画➡対策➡実施➡評価という流れで進められる。

【正解と解説】

(1)○

　　記載のとおり。

(2)×

　　誤り。その仕事に携わっている者、熟知している作業者、技術者などが全員参加で作成することが望ましい。

(3)○

　　記載のとおり。

(4)○

　　記載のとおり。

(5)×

　　誤り。計画（P）➡実施（D）➡評価（C）➡対策（A）の順である。

第 **8** 章

原価管理

　企業の目標は利益を出すことであり、そのためには原価管理が重要です。本章では、原価の構成や管理、原価低減の手法について学びます。原価管理の意識を常に持つようにすると、より広い視点で生産管理の業務に携わることができます。

原価管理とは

原価管理は QCD の C（コスト）に関する管理です。顧客ニーズに応え、顧客満足度の高い製品を供給しつつ、原価を下げて利益を確保するためには、どうすればよいのでしょうか。

◇ 原価管理の必要性

　企業にとって利益を獲得することは究極の目標であり、これが達成されなければ持続的に発展していくことができません。そのため、企業にとっては「原価を管理し、利益を確保していくこと」が大きな課題となります。

　企業の利益の構成を次図に示します。売上原価を適切に管理し、低減していくことで、売上総利益（いわゆる粗利）のほか、すべての利益を向上させることができます。例えば、予定売上高と目標利益から構成される「許容原価」に向けて、製品原価を下げる活動を行います。生産管理の担当者は、この活動の中心的なの役割を担います。

企業の売上と利益の構成

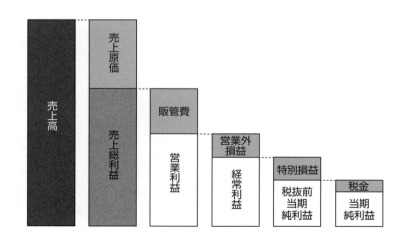

◇ QCD と原価低減の関係

QCD と原価管理は密接な関係にあります。原価低減のためにどのような手法がとられるでしょうか? 例えば、工場内の時間当たりの生産性を高めれば、より早く、効率的に生産できるので、製造原価が下がります。これは QCD では D（納期）に該当します。また、Q（品質）を向上させると、不良品の発生が少なくなるため、製造原価の低減に寄与します。そのほか、生産管理担当者が実施する様々な業務が QCD に大きく影響し、その結果として製造原価にも大きな影響を与えているのです。

◇ 原価管理の体系

原価管理の一般的な体系は次図のとおりです。この体系の中の適切な場所で、いままでに学習した VE、IE や品質管理の手法が用いられます。

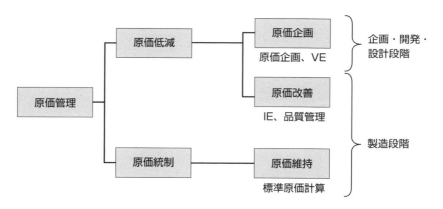

原価管理の体系[*]

（1）原価低減……原価低減の活動

　　　原価企画：企画・開発・設計段階での原価管理、低減活動

　　　原価改善：製造段階の効率向上、品質向上による原価低減

（2）原価統制……計画された原価内に収める活動

　　　原価維持：標準原価と実際原価の差異を分析し、実際原価をあらかじめ定めた範囲に収める活動

[*] **原価管理の体系** 『生産管理 BASIC 級』（渡邊一衛監修、社会保険研究所、2016年）の「原価管理の体系」p.228を引用。

❖ 原価のほとんどは開発設計段階で決定する

原価管理業務の経験則として、「開発・設計段階の取り組みがコストの80%を決定する」といわれますが、これは非常に的確な表現です。次図を確認してください。コストのほとんどは開発・設計段階で決定するということがわかります。一方、コストが発生するのは主に製造段階に入ってからです。このため、「製造段階の前に、コスト決定の勝負は"ほぼ"ついている」といえるのです。

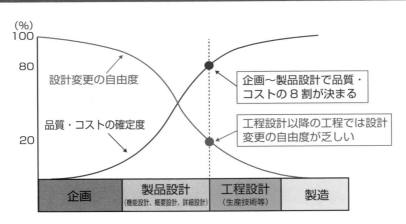

「設計変更の自由度」と「品質・コストの確定度」の関係*

そのため、できるだけ開発の初期段階に経営資源を集中的に投入することにより、より大きなコストダウンを実現することが期待できます。この考え方を**フロントローディング**と呼び、原価管理以外の場面でも用いられます。

出題傾向のポイント

原価は主に企画・設計段階で決定します。一方で原価が発生するのは、主に製造工程です。試験では、この違いを理解して解答しましょう。

*…の関係　経産省の資料より。

フロントローディングの概念*

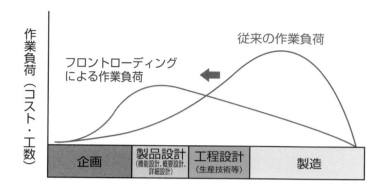

◇ 原価の構成

　製造業では、原価を発生形態によって、①材料費、②労務費、③経費の3つに分類します。これらはそれぞれ、製品との関係性が明確に把握できる「製造直接費」と、間接的にしか把握できない「製造間接費」に分解できます。

原価の構造

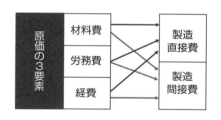

*…の概念　経産省の資料より。

◇ 原価の把握方法

原価の把握方法について学びます。

(1) 材料費の把握方法

材料費は次の式で計算します。

材料費 ＝ 材料消費量 × 材料単価

この式を用いて計算するには、材料の消費量と単価の情報が必要です。
それらの情報は次の方法で得ます。

①材料消費量の情報を得る方法

・継続記録法：出庫されるたびに記録をつける
・棚卸法：次の式で計算する：

当期出庫数量 ＝ 期首棚卸数量 ＋ 当期仕入数量 － 期末棚卸数量

②材料単価の情報を得る方法

・先入れ先出し法：最初に入荷したものから出庫したと仮定して計算
・移動平均法：入荷した材料の平均原価をその都度計算する ┐
・総平均法：一定期間に入庫した材料の平均原価を期末時点で計算する ┘ ─ 平均法

(2) 労務費の把握方法

　労務費には、製造現場や関連する人員への賃金、賞与、手当、福利厚生費などが含まれます。労務費は直接労務費と間接労務費に分解するのが難しいです。原則として、製品の製造などに直接かかわる「直接工」の作業時間に関する賃金は、直接労務費となります。また、間接的な作業を行う「間接工」の賃金は関接労務費として扱われます。

（3）経費の把握方法

経費には主に4つの種類があります。

①支払経費

原価計算期間での支払金額が原価として把握できる

（外注加工費、保管費、旅費や交通費など）

②発生経費

実際の発生金額で把握できるもの（棚卸減耗や仕損費など）

③測定経費

メーターなどで消費量を測定して原価が把握される（電気、ガス料金など）

④月割経費

年間費用を月割りで割り振って把握される（減価償却費、保険料など）

◆ 固定費と変動費

　人件費、減価償却費、家賃、水道光熱費、通信費など、生産数量にかかわらず発生する一定の費用のことを**固定費**といい、操業状況によって変動する原材料費、外注費、販売手数料などの費用のことを**変動費**といいます。この区分で原価を把握することで、損益分岐点を利用した原価管理が可能となります。損益分岐点では利益はゼロ、これを超える売上を出せば利益が出ます（2-1節参照）。

第8章
原価管理

出題傾向のポイント

　損益分岐点の出題事例が多いので、必ず押さえておきましょう。損益分岐点は利益がプラスマイナスゼロになる売上高です。売上高が損益分岐点を超えると利益が出ますが、超えない場合は利益が出ないことに注意が必要です。

原価管理

2 原価計算方法

ここでは、原価計算方法のうち主に実際原価計算の2つの手法について学びます。それぞれの計算方法が適している生産方式や計算方法の概念について学びましょう。

◇ 実際原価計算

　実際原価計算とは、実際の原価を積算して製品原価を計算する方法です。実際原価計算には、個別原価計算および総合原価計算という2つの方法があり、それぞれの特徴は次表のとおりです。以下、それぞれの概要を順に説明します。

実際原価計算の種類とその特徴

	個別原価計算	総合原価計算
生産方式	・個別受注生産 ・多種少量生産	・見込生産方式 ・少種多量生産
計算単位	・製造指図ごと （生産した製品単位）	・一定期間（1か月など）の原価と 完成品および仕掛品から計算
特徴	・直接費と間接費を分ける	・直接材料費以外は加工費として、 まとめて計算する
メリット	・原価見積のための情報が得やすい ・各製品ごとの損益が明確	・原価計算が比較的簡単
デメリット	・計算に手間がかかる	・正確な原価が把握できない ・期間ごとの原価しか把握できない

◇ 個別原価計算

　個別原価計算は、生産した製品ごとに原価を積算していく方法です。実際の計算の手順は次のとおりです。

①原価にかかわる情報を入手します。
②部門ごとの間接費用を製造部門に配賦して、製造部門費を計算します。
③算出した製造部門費を、製品別に配賦します。

④直接費と間接費を足して、製品ごとの製造原価を計算します。

　それでは、具体例をもとに個別原価計算の手順を見てみましょう。

●X社の事例

　X社では、ある期間に製品AおよびBを製造しました。このときの原価に関する情報をもとに、それぞれの製造原価を計算しましょう。

①原価にかかわる情報を入手します。
　次に示す情報が得られました。

X社のある期間の原価にかかわる情報

直接費用（円）

	製品A	製品B
直接材料費	500,000	700,000
直接労務費	300,000	550,000

製品ごとの作業時間（時間）

	製品A	製品B
組立部門	20	50
機械加工部門	20	30

部門ごとの製造間接費用（円）

組立部門	機械加工部門	動力部門	工場事務部門
45,000	52,000	35,000	12,000

補助部門の製造部門への用役提供割合

	組立部門	機械加工部門
動力部門	30%	70%
工場事務部門	55%	45%

②部門ごとの間接費用を製造部門に配賦して、製造部門費を計算します。

動力部門費および工場事務部門費を製造部門（組立部門と機械加工部門）に配賦します。

・**動力部門費**

　組立部門費　　：35,000円×0.3＝10,500円

　機械加工部門費：35,000円×0.7＝24,500円

・**工場事務部門費**

　組立部門費　　：12,000円×0.55＝6,600円

　機械加工部門費：12,000円×0.45＝5,400円

　製造部門の部門費に、計算して配賦した費用を足します。

　組立部門費　　：45,000円＋10,500円＋6,600円＝62,100円

　機械加工部門費：52,000円＋24,500円＋5,400円＝81,900円

③算出した製造部門費を、製品別に配賦します。

・**製品Ａへの費用配賦**

　組立部門費　　：62,100円×20時間÷（20時間＋50時間）＝17,743円

　機械加工部門費：81,900円×20時間÷（20時間＋30時間）＝32,760円

・**製品Ｂへの費用配賦**

　組立部門費　　：62,100円×50時間÷（20時間＋50時間）＝44,357円

　機械加工部門費：81,900円×30時間÷（20時間＋30時間）＝49,140円

④直接費と間接費を足して、製品ごとの製造原価を計算します。

　これまでに計算（配賦）した部門費と直接費を足して、製造原価を計算します。製造原価は製品Ａが850,503円、製品Ｂが1,342,497円となりました。

製造原価の計算（まとめ）

製品区分		製品A	製品B
直接費	直接材料費	500,000	700,000
	直接労務費	300,000	550,000
間接費	組立部門	17,743	44,357
	機械加工部門	32,760	49,140
合計		850,503	1,343,497

◇ 総合原価計算

　総合原価計算は、「一定期間（1か月とされることが多い）の完成品原価を生産量で割る」ことで製造原価を求める方法です。100万円の費用で1万個の製品を製造すれば、製造原価は1個当たり100円である——と計算する方法です。

　しかしながら実務では、一定の期間にすべての材料を同一金額で購入できるわけではありません。また、製作途中の製品が残るので、簡単には計算できません。そのため、次のような流れで製造原価を計算します。

①製造データおよび原価データを入手する。
②当月総製造費用を算出する（当月製造費用＋月初仕掛品原価）。
③当月総製造費用から月末仕掛品原価を引いて、完成品原価を算出する。
④完成品原価を完成品数量で割って、単位当たりの製造原価を算出する。

　なお、仕掛品の評価には平均法と先入れ先出し法の2通りが用いられます。

出題傾向のポイント

　仕掛品の評価方法については、176ページをご参照ください。それぞれの特徴を覚えておきましょう。

第8章

原価管理

総合原価計算の原理

月初仕掛品原価

完成品原価

当月総製造費用 ── 当月製造費用
・直接材料費
・加工費

月末仕掛品原価

当月総製造費用から月末仕掛品原価を引くと、完成品原価である。これを完成品の数量などで割れば、単位当たりの製造原価が算出できる。

◇ 直接原価計算

　直接原価計算は、先ほどの実際原価計算とは異なる原価計算方式です。この方式では、原価を変動費と固定費に分けて、変動費のみを製品原価として扱います。

　直接原価計算は、短期の利益計画や経営意思決定のためには有効な方法として利用されますが、財務報告を目的とする原価計算には使用できないので要注意です。

出題傾向のポイント

　総合原価計算方式と個別原価計算方式の特徴の違いを押さえておきましょう。特に、生産形態ごとに「適した計算方式は何か？」を覚えておきましょう。

次の設問に○×で解答しなさい。

【設問】

(1) 原価低減を効率的に行うためには、設計段階よりも製造段階で改善に取り組む方が効果的である。

(2) 総合原価計算は、個別受注生産の形態をとる製品に適用されることが多い。

(3) 売上高が損益分岐点を超えなければ、利益は出ない。

(4) 許容原価とは、予定売上高から目標利益を引いたものである。

(5) 直接原価計算では、売上高から直接原価だけを差し引いて限界利益を求め、そこから期間原価を差し引いて営業利益を求める。

【正解と解説】

(1) ×

誤り。原価低減活動は、上流側に力を入れると効果が大きい傾向にある。

(2) ×

誤り。総合原価計算は見込生産方式の製品に適している。統合原価計算と個別原価計算の違いを理解しておくこと。

(3) ○

記載のとおり。

(4) ○

記載のとおり。許容原価は次の式で示される。

許容原価 ＝ 予定売上高 － 目標利益

(5) ○

記載のとおり。

技術士受験のすすめ

　ビジネス・キャリア検定試験（生産管理）のほかにも、生産管理にかかわる資格がいくつかあります。どのような資格をとるのがよいか悩んでいる方も多いでしょう。

　筆者のおすすめは技術士です。技術士は技術系の最難関の資格の1つといわれ、難易度の高い試験です。建設部門、機械部門など、表に示すとおり21の技術部門が存在しています。

技術士資格の部門	
機械部門	農業部門
船舶・海洋部門	森林部門
航空・宇宙部門	水産部門
電気電子部門	経営工学部門
化学部門	情報工学部門
繊維部門	応用理学部門
金属部門	生物工学部門
資源工学部門	環境部門
建設部門	原子力・放射線部門
上下水道部門	総合技術監理部門
衛生工学部門	

　このうち「経営工学部門」は、生産管理に関する業務経験者向けの部門です。

　この資格を取得すれば、生産管理のスキルを持っていることを企業内で大いにアピールできます。資格取得者には手当などを出す企業も多いようです。

　また、資格取得者の中には、製造業を対象にした独立コンサルタントとして活躍されている方も多く、大きなキャリアアップにつながる資格です。筆者が本書を執筆するきっかけの1つになったのも、技術士資格を持っていることでした。

　生産管理の業務をされている方は、技術士（経営工学部門）の資格取得を視野に入れるとよいでしょう。

第 **9** 章

納期管理

　納期管理は納期を守る活動です。納期に間に合わせるのは
もちろんですが、納入日が早ければ早いほどよいわけでもあ
りません。本章では、納期を守るための考え方に加え、生産
形態によって納期管理にどのような特徴や違いがあるかを学
んでいきましょう。また、部門ごとの納期遅延要因について
も取り上げます。

納期管理の考え方

広い意味で「納期とは何か」を定義します。また、納期を守ることの重要性について考えていきましょう。

◆ 納期とは何か

　納期とはもちろん、「品物を納入するのを約束した期日」のことです。納入先は、一般的には顧客でしょう。

　しかし、製造現場には「後工程はお客様」という言葉があります。私たちの仕事の中では、納品の相手が顧客ではなく後工程だというケースも少なくありません。後工程をお客様だと思えば、納期も守るし、「品質のよいものを送らなければ」と思うようになり、必然的に「よい仕事をしよう」というモチベーションが高まります。

　「後工程はお客様」だと捉えると、最終的な顧客に納入する期日ではなく、生産計画上、後工程に品物を渡す日こそが、その工程にとっての「納期」になるのです。

◆ 早期納入にも問題がある

　納期というと、「決められた期日に間に合えばいい」と考えがちですが、それは間違いであり、早くても遅くてもダメなのです。なぜ、早期納入がダメなのでしょうか。

　それは、予定より早く納入されてしまうと、置き場がなかったり、在庫品の増加につながったりするからです。在庫品が増えるとキャッシュフローが悪化するほか、5-2節で取り上げた「在庫テコの原理」の観点からも悪いことだらけです。「納期遵守率」という指標で管理する場合に、納期より早く納入することを認めない方式が主流になっています。

出題傾向のポイント

　製造部門の頑張りだけでは、納期を守ることはできません。設計部門、生産管理部門、資材部門など関連する部門が、「後工程はお客様」という考え方をもとに協力することが必要です。

◆ 納期遵守の重要性

生産方式の違いによって、納期管理で重視する点が変わります。

① 量産品 ‥‥‥‥‥‥‥‥ 適切な生産速度を維持することを重視
② 個別受注生産品 ‥‥‥ 各生産プロセスに対して適切な生産スケジュールを立て、このスケジュールどおりに生産を進めることを重視

また、納期を守ることは、顧客にとっても自社にとっても非常に重要です。次表に、納期を遵守すべき理由を「顧客への影響（および顧客の評価）」と、自社からの目線でまとめています。納期を守れないと、キャッシュフローの悪化や製品の品質低下にもつながりかねないことにご注意ください。納期管理には、単に「約束を守る」ということ以上の意味があるのです。

納期を遵守すべき理由

対象	納期を守った場合	納期を守れなかった場合
顧客	・顧客の信頼を得られる ・顧客の計画を守ることができる	・顧客の信頼を失う ・顧客の顧客にも影響がある
自社内	・スケジュールどおり生産できる ・資金繰りがしやすくなる	・遅れを挽回するため、休日出勤や残業が発生 ・納品が遅れると、予定期日に入金されなくなり、資金繰りが苦しくなる ・遅れを挽回しようと焦るため、不適合を発生させやすい

出題傾向のポイント

本文にあるとおり、納期管理では「早入れ」もよいことではありません。試験で引っかけ問題として「早く入れる方がよい」といった表現が使われることもあるのでご注意ください。

② 各部門での納期遅延の発生要因と対策

各部門では、どのようなことが納期遅延の発生につながっているのでしょうか。部門ごとの特徴と対策について学びましょう。

◆ 設計部門

　当たり前のことながら、設計が遅れると、以降のすべての工程が遅れてしまいます。設計が遅れるというのは、スタートからつまずいてしまっていることなのです。また、設計が遅れなかったとしても、設計の不具合があれば後工程で手直しや手戻りが発生するなどの影響があり、これが全工程に大きな悪影響を及ぼすことがあります。このことから、設計部門の遅延要因は全体納期への影響が極めて大きいといえます。

　設計の遅延要因を回避する方法には次のものがあります。

①設計プロセスを細かく進捗管理する。
②設計の遅れが生じても後工程に影響が出ないよう、緩衝時間を設ける。
③フロントローディングする（源流側に時間をかける）。

◆ 生産管理部門

　生産管理部門は、生産計画を立案し、全体の納入リードタイムを検討・決定します。モノづくりは多様な工程・リードタイムから構成されているため、この業務は簡単ではありません。

　しかしながら、労力をかけて作られた適切な生産計画は、納期を守るための「道しるべ」となり、納期管理において非常に重要な役割を果たします。

（1）見込生産の場合

　見込生産は、顧客に製造済みの製品を買っていただく方式です。そのため、個々の顧客との間で具体的な納期を設定することは原則としてありません。この点から、受注生産と比べると納期遵守を厳しく考えなくてもよいのです。

　とはいえ、見込生産の場合でも、売れ行きなどに応じて自社で納期設定を行います。欠品が発生すると、販売機会を失う、顧客の他社製品への乗り換えが進む、といった問題が生じます。

　そのため、完成日時の見積作業を行い、適切な生産速度を維持できる生産計画を立案・実施する必要があります。

（2）受注生産の場合

　受注生産の場合は、顧客の明確な納期が存在するので、この納期を遵守して生産しなければなりません。しかしながら、次のような要因で短納期受注となってしまい、納期遅延が発生することがあります。

①顧客の要求に応えるため、無理な納期で受注している。
②工場側の納期見積が甘い。

　このような事態を防ぐには、顧客と自社にとって合理的な納期設定をする必要があります。

　受注生産における納期設定の難易度は、過去に同様の製品を生産したことがあるかどうかに大きく左右されます。

　過去に同様の製品を製作したことがある場合は、その経験を参考にできるので、納期設定の大きなミスはしにくいです。つまり、納期設定は比較的容易です。

　それに対して、製造経験がない（初めて生産する）製品の場合は、「各工程の所要時間や部品・材料の調達期間が不明確」、「慣れていない作業がある」といった理由で、納期設定が難しいことがあります。

　新しい製品の納期設定にはポイントがあります。新しい製品であっても、工程を分解してみると、「すでに経験のある工程」が多く含まれていることがあります。次ページの図をご覧ください。初めて生産する製品は、一見、わからないことが多くて納期設定が難しそうです。しかし、工程を細かく展開してみると、ほとんどが経験のある工程であり、まったく新しく経験する工程は少ないことがわかります（図の場合、E工程のみが未経験）。過去に経験のある工程であれば、時間見積は難しくありません。新しく経験する工程のみに注力して時間見積を行えば、比較的正確な納期設定を行うことができます。

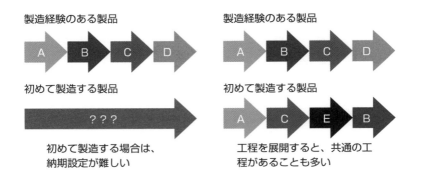

製造経験のない製品でも、過去の経験をヒントに納期を設定できる

製造経験のある製品
A B C D

製造経験のある製品
A B C D

初めて製造する製品
？？？

初めて製造する場合は、
納期設定が難しい

初めて製造する製品
A C E B

工程を展開すると、共通の工
程があることも多い

(3) 飛び込み注文による影響

　その他の納期遅れの要因としては、飛び込み注文があります。飛び込み注文を受け付けないことが一番の解決策なのですが、客先からの強い要望により「そうはいっていられない」という場合もあるでしょう。そうなる可能性が高そうなときは、最初から余裕を持った生産計画を立てておく方法もあります。

◇ 資材部門

　資材部門では、調達計画、調達統制（計画どおりにならないときに対策を打ち、計画の修正やつくり直しをすること）、調達品の品質などに不備があると、納期遅れが発生することがあります。

　調達業務では、MRPシステムやEDIシステムなどのシステムを使用します。これらのパラメーター設定や入力の不備などが、納期遅れの要因になってしまう場合があります。また、調達統制をしようとして納期督促をしても「なかなか納入されない」という現実的な問題に直面します。さらに、納入されてくる製品に不良品が含まれていると、代品の納入や手直しに時間がかかり、結果的に納期遅れとなってしまうケースが見受けられます。

　資材部門としては、「システムに入力するパラメーターを正確にする」、「調達先への要求仕様を明確に伝え、仕様間違いによる不良発生を減らす」、「調達先を混乱させるような頻繁な仕様変更を避ける」など、様々な対策を打てます。その一方で、資材部門単独では困難な対策もあり、他部門や調達先の協力を仰ぐことも大切です。

納期遅れの原因と対策の例

	調達計画の不備	調達統制の不備	品質の不備
問題例	MRPのパラメーター設定が適切でない（発注量や納入リードタイム）	調達先に納期督促をしても納入されない	不良品が納入され、代品納入に時間がかかる
対策	①確実なパラメーター設定 ②パラメーターに変動が起こりやすい場合は、調達統制でカバー	①調達先との定期的打合せ ②調達先の生産計画を確認 ③納期遵守率をグラフにして調達先に公開し、納期への協力を仰ぐ ④多量発注の際は、分割納入を可能とする	①要求仕様を明確に伝える ②頻繁な仕様変更は厳禁 ③技術員等を派遣し、技術指導を行う

◇ 製造部門

　製造部門での納期遅延の要因としては、①作業管理、②設備管理、③手配・進捗・現品管理、④情報伝達の不備などがあります。

　製造現場には、「災害や気候の影響で生産ができない」、「作業者の病気」、「設備の急な故障」などがつきものです。これらの影響を低減するには、「柔軟性があり、ある程度の余裕を持った計画を立案する」、「第4章で学んだ作業管理・設備管理を徹底する」といったことが必要です。ときには、作業人員の融通（他部門からの応援、アルバイトを雇う）や外注が必要なケースもあるでしょう。

　また、生産統制の観点から、製造部門においては「目で見る管理」が非常に重要です。「目で見る管理」とは、「生産計画が整然と把握でき、何かトラブルがあった際には問題を直ちに顕在化できる仕組み」のことです。これができれば、トラブルに素早く対応して、納期への影響を最小限とすることができます。そのために、「RFID＊やQRコードを利用して現品の場所や状況を正確に把握し、誰もが見られるようにする」などの現品管理の手法が用いられることもあります。

◆ 物流部門

　物流部門での納期遅延の要因としては、①輸送・納入時の傷入りなどのトラブル、②誤った場所への納品、③外的要因（渋滞、災害）などがあります。「傷や痛みが発生しないように適切な梱包を行う」、「納品場所をデータベース化して納品ミスを防ぐ」といったことが必要です。外的要因は予想しづらいですが、ある程度のトラブルを計画の中に入れておくことが必要でしょう。

　海外の調達先からの納品がある場合は、「国際物流の観点」から納期遅延を防ぐ必要があるので、国内取引とは様相が変わってきます。例えば、梱包や防錆（ぼうせい）なども国内とはまったく違うものになります。

出題傾向のポイント

　各部門の納期遅延対策は、試験で狙われるポイントです。一見、納期と関係のなさそうな製造部門の「人員の融通」、物流部門の「梱包」などが出題されることもあります。

＊ **RFID**　Radio Frequency Identification の略。無線周波数識別のこと。タグなどの電磁波を使ったモノの識別・管理をいう。

次の設問に〇×で解答しなさい。

【設問】

(1) 設計の納期遅延は後工程に大きな影響を及ぼす。そのため、設計工程と後工程の間に緩衝時間を確保しておく。

(2) 納期遅れを発生させないために、常に早く納入することを心がける。

(3) 頻繁に仕様変更や設計変更を行うと、調達先が混乱して、納期遅延につながることがある。

(4) 納期遅延が品質に影響を与えることはない。

(5) 納期遅れを挽回するためには、計画にない人件費が発生することがある。

【正解と解説】

(1) 〇

　記載のとおり。

(2) ×

　誤り。早く納入することには問題がある。

(3) 〇

　記載のとおり。

(4) ×

　誤り。納期挽回を焦ることにより、品質問題が発生するケースがある。

(5) 〇

　記載のとおり。

サプライチェーン再構築とBCP*

　日本の製造業ではコストダウンのため、人件費の安い諸外国から部品を調達するケースがあります。また、海外に生産拠点を持っている企業も多数存在します。このように、日本の製造業は海外を含めたサプライチェーンによって支えられているといっても過言ではありません。しかしながら、世界中での新型コロナウイルスのパンデミックや災害の増加などをきっかけに、方向転換を迫られる企業が増えてきています。このような非常事態が発生している状況では、海外からの調達ルートが寸断されたり、大幅な納期遅れ等が起こってしまうことがありました。

　こういった事態を経験したため、これまでのように「海外で作る方が安いという理由だけで海外へ進出をする」ことに慎重な企業が増えてきています。

　2022、2023年度の経済産業省「ものづくり白書」の中では、「生産拠点の国内回帰」や「柔軟性を持ったサプライチェーンの構築」の必要性が強調されています。「BCPを意識したサプライチェーンの再構築が必要」だという意識が高まってきているのです。

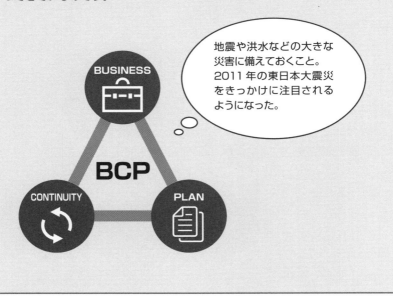

地震や洪水などの大きな災害に備えておくこと。2011年の東日本大震災をきっかけに注目されるようになった。

＊**BCP**　事業継続計画（Business Continuity Plan）の頭文字をとった言葉。災害などの緊急事態が起こった際の被害を最小限にし、事業を継続・復旧できるように、前もって計画しておくこと。

第 ⑩ 章

安全衛生管理

　企業活動の目的は、いうまでもなく利益を出すことです。そのために、いままで学んできたQCDが非常に大事なことは明らかです。しかしながら、利益ばかりを追求して安全衛生をおろそかにしていると、大きな事故や健康問題を引き起こしてしまい、事業を継続することもできなくなります。また、安全と衛生が保障されていてこそ、従業員も安心して業務を行うことができます。

1 安全衛生管理の基本

安全衛生にかかわる法律の体系や、その管理活動の基本について学びましょう。

◇ 労働安全衛生法

　労働安全衛生法は、労働者の安全と健康を確保し、快適な職場環境をつくることを目的として、1972（昭和47）年に制定された法律です。この法律が、わが国の安全衛生管理のベースになっています。この法律では、①危険防止基準の確立、②責任体制の明確化、③自主的活動の促進の措置——を求めています。

　責任体制の明確化に関しては、安全衛生管理体制を明確にしており、業種や規模に応じて選任すべきスタッフや組織が明確に定められています（各種管理者、産業医、安全・衛生委員会の設置など）。

　自主的活動の中には、労働者が自ら考えて実施する活動も含まれています。そのため、事業者だけではなく労働者側も、自主的に安全衛生管理のために活動する必要があります。

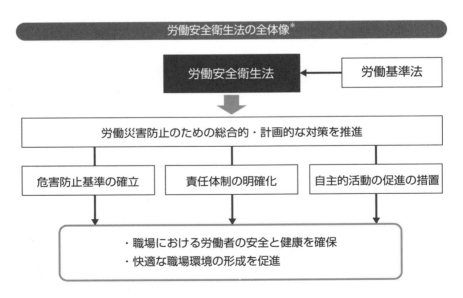

労働安全衛生法の全体像*

労働安全衛生法 ← 労働基準法

労働災害防止のための総合的・計画的な対策を推進

危害防止基準の確立　　責任体制の明確化　　自主的活動の促進の措置

・職場における労働者の安全と健康を確保
・快適な職場環境の形成を促進

＊…の全体像　『すぐに役立つ 図解とQ&Aでわかる 最新 労働安全衛生をめぐる法律と疑問解決マニュアル108』（小島彰監修、三修社、2018年）の「労働安全衛生法の全体像」p.13。

◇ 安全管理における「ゼロ災運動理念3原則」

安全管理の理念として、**ゼロ災運動理念3原則**があります。安全管理では、この原則に基づいて管理を進めていきます。

①ゼロの原則

単に死亡災害・休業災害さえなければよいという考えではなく、職場や作業にひそむすべての危険を発見・把握・解決し、根底から労働災害をゼロにしていこうという考え方です。

②先取りの原則

究極の目標としてのゼロ災害・ゼロ疾病の職場を実現するため、事故・災害が起こる前に、職場や作業にひそむ危険の芽を摘み取り、安全と健康（労働衛生）を先取りすることです。

③参加の原則

職場や作業にひそむ危険を発見・把握・解決するため、事業者と労働者の全員が一致協力して、それぞれの立場・持ち場で自主的・自発的に、やる気を持って問題解決行動を実践することです。

◇ ハインリッヒの法則

安全管理の場面では、**ハインリッヒの法則**と呼ばれるものがあります。これは、「1件の重大災害の背後には29件の軽微な災害、さらにその背後には300件の**ヒヤリ・ハット**が隠れている」という考え方です。1件の重大災害が発生したときだけに大騒ぎをするのではなく、その背後で発生しているたくさんの軽微災害やヒヤリ・ハットを排除する必要があります。

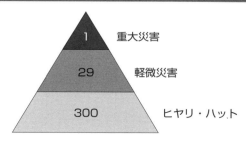

ハインリッヒの法則

- 1　重大災害
- 29　軽微災害
- 300　ヒヤリ・ハット

第10章　安全衛生管理

◇ 労働衛生の3管理

「労働衛生の3管理」とは、①作業環境管理、②作業管理、③健康管理の3つの管理のことです（これに総括管理と労働衛生教育を加え、5管理とすることもある）。

①作業環境管理

作業場の物理的環境や有害物質濃度などを測定し、その結果をもとに必要な措置を講じることで、快適な職場環境の形成と維持を目指す管理です。測定の詳細は作業環境測定法に定められています。

②作業管理

「労働者の作業に伴う有害因子の発生を防止・抑制する」、「作業時間・作業強度・作業方法などを適切に管理する」、「作業者に保護具の着用を徹底させる」といった管理が含まれます。

③健康管理

雇い入れるときの健康診断、定期健康診断、ストレスチェックおよびその結果をもとに実施されるフィードバックなどが含まれます。労働者の身体面だけでなく、精神面も含めて心身ともに健康を維持するための管理を行います。

出題傾向のポイント

労働安全は事業者だけが担うのではなく、労働者の参画が重要です。ビジネス・キャリア検定の試験では、「安全衛生を事業者に任せきりにしてはならない」ということが出題されるケースが多いです。皆さんの職場でも、労働者による活動が行われていることと思います。これはゼロ災運動 理念3原則の1つである「参加の原則」と関係しています。確実に覚えてください。

◆ 災害統計で用いられる各種数値

　災害統計では、次の統計値が多く用いられています。それぞれの定義と計算方法を押さえておきましょう。

①度数率：100万延べ実労働時間当たりの労働災害による死傷者数
②年千人率：1年間の労働者1,000人当たりに発生した死傷者数の割合
③強度率：1,000延べ実労働時間当たりの労働損失日数で、災害の重さの程度

$$度数率 = \frac{労働災害による死傷者数}{延べ実労働時間数} \times 1{,}000{,}000$$

$$年千人率 = \frac{労働災害による年間死傷者数}{年間平均労働者数} \times 1{,}000$$

$$強度率 = \frac{延べ労働損失日数}{延べ実労働時間数} \times 1{,}000$$

出題傾向のポイント

　災害統計の数値の計算式について問われる問題の出題例があります。それぞれの指標の内容と定義を理解しておきましょう。実際の試験では、各々の指標の意味と計算式が理解できないと正しく回答できない問題が出題されることがあり、得点を失ってしまうことが多い分野です。混乱してしまいがちな内容ですが、実務でもよく使用されますので間違わないよう、押さえておいてください。

安全衛生管理体制の構築と教育

労働安全衛生法で定められた「安全衛生管理体制」と「安全衛生教育」について、概要を学びましょう。

◆ 安全衛生管理体制

　労働安全衛生法では、安全で快適な労働環境を実現するために、安全管理体制を構築して、管理・責任体制を明確にするよう定められています。設置すべき管理者やスタッフなどを以下に示します。

①統括安全衛生管理者

　安全管理者、衛生管理者等を指揮する事業場の安全衛生管理の最高責任者です。製造業では、常時300人以上の労働者を使用する事業場に設置が義務付けられています（その他の業種では、業種ごとに設置を要する労働者の人数が異なる）。

②安全管理者

　事業場の安全についての技術的事項を管理する専門家です。製造業、林業、建設業などの定められた業種で、50人以上の労働者を使用する事業場に設置が義務付けられています。選任されるためには所定の資格が必要です。

③衛生管理者

　事業場の衛生に関する技術的事項を管理する専門家です。衛生管理者は、業種を問わず常時使用する労働者が50人以上の事業場に設置が義務付けられており、労働者の人数に応じて選任が必要な人数が定められています。選任されるためには所定の資格が必要です。

④安全衛生推進者・衛生推進者

　小規模の事業場で安全衛生の推進を担当します。常時使用する労働者が10人以上50人未満の事業場で選任が必要です。安全衛生推進者と衛生推進者のどちらを選任すべきかは、業種により定められています。

⑤産業医

　事業場と契約して、労働者の健康管理を担当する医師です。常時50人以上の労働者を使用する全業種の事業場で、選任が必要です。

⑥作業主任者

　危険な作業の労働災害防止を担当する専門家です。ボイラー取り扱い作業、有機溶剤取り扱い作業、高圧室内作業など、指定された作業が対象です。所定の有資格者から選任する必要があり、氏名と作業内容を作業場の見やすい位置に掲示して、周知しなければなりません。

⑦安全委員会・衛生委員会

　労働者の安全・衛生を確保するために設置されます。安全委員会の設置を要する事業場は、業種と従業員数の規模によります。衛生委員会は、業種を問わず常時50人以上の労働者を使用する事業場で設置が必要です。安全委員会と衛生委員会の双方を設置すべき事業場では、安全衛生委員会を設置することが可能です。各委員会は月1回以上開催しなければなりません。労働者の危険防止や健康障害防止のための協議を行います。

◇ 安全衛生教育の推進

　労働安全衛生法では、安全衛生活動の推進のために教育を実施することを定めています。具体的には、次図に示す教育が実施されます。企業に勤務している方でしたら、何らかの安全衛生教育を受けたことがあるのではないでしょうか。

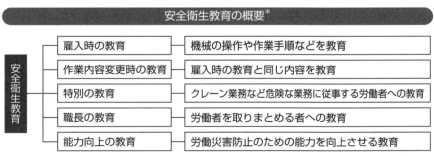

安全衛生教育の概要*

安全衛生教育		
	雇入時の教育	機械の操作や作業手順などを教育
	作業内容変更時の教育	雇入時の教育と同じ内容を教育
	特別の教育	クレーン業務など危険な業務に従事する労働者への教育
	職長の教育	労働者を取りまとめる者への教育
	能力向上の教育	労働災害防止のための能力を向上させる教育

＊…の概要　『すぐに役立つ 図解とQ&Aでわかる 最新 労働安全衛生をめぐる法律と疑問解決マニュアル108』（小島彰監修、三修社、2018年）の「安全衛生教育の種類と概要」p.131。

第10章 安全衛生管理

リスクアセスメントと設計での リスク低減

リスクアセスメントは、職場にある様々な危険因子を見つけ、対策を講じる手法です。
リスクアセスメントの手順と、その中で使われる「本質的安全設計」について学びましょう。

◆ リスクアセスメントとは

　リスクアセスメントとは、職場にある危険性を見つけたうえで、そのリスクの大きさを見積もり、リスクの大きいものから対策を講じてリスクを低減し、その結果を記録する——というサイクルを繰り返していくことです。継続的なリスクアセスメントにより、労働災害が起こりにくい職場をつくっていくことができます。

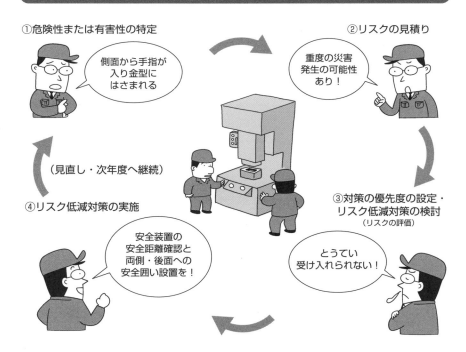

リスクアセスメントの流れ*

①危険性または有害性の特定
「側面から手指が入り金型にはさまれる」

②リスクの見積り
「重度の災害発生の可能性あり！」

③対策の優先度の設定・リスク低減対策の検討
（リスクの評価）
「とうてい受け入れられない！」

④リスク低減対策の実施
「安全装置の安全距離確認と両側・後面への安全囲い設置を！」

（見直し・次年度へ継続）

＊…の流れ　厚生労働省の資料より（https://www.mhlw.go.jp/bunya/roudoukijun/anzeneisei14/dl/press1.pdf）。

◇ 設計段階でのリスクの低減

設計段階でのリスク低減のために、「3ステップメソッド」を用います。本質的安全設計で使用される4つの手順についても理解しておきましょう。これらの内容はJIS B 9700（機械類の安全性－設計のための一般原則－ リスクアセスメント及びリスク低減）で定められています。安全設計にかかわる様々な用語の定義がまとめてあるので、興味のある方はJISの規格を読んで理解を深めてください。

設計段階でのリスク低減 3 ステップメソッド*

| ステップ 1 本質的安全設計 | ①危険源の除去　②フール・プルーフ ③フェイル・セーフ　④冗長性 |

| ステップ 2 工学的処置 | 安全防護によるリスクの低減 付加保護方策の実施（保護カバーやセンサー取付） |

| ステップ 3 使用上の情報 | マニュアルやエラー／アラーム表示などによる 注意喚起 |

本質的安全設計 4 つの手順*

手順	内容
①危険源除去	危険を除くような設計にする
②フール・プルーフ	作業者が間違った操作ができないように設計する
③フェイル・セーフ	異常時に危険な動作をしないように設計する
④冗長性	予備の設備・システムを配置して万が一に備える

*…メソッド　『設計の業務課題って、どない解決すんねん！』(春山周夏、日刊工業新聞社、2020年)の「リスクアセスメントの4つの手順」p.15を参考に作成。

*…4つの手順　『設計の業務課題って、どない解決すんねん！』(春山周夏、日刊工業新聞社、2020年)の「本質安全化のための4つの手順」p.18を参考に作成。

次の設問に〇×で解答しなさい。

【設問】

(1) 労働安全衛生法で労働災害とは、労働者が業務上負傷し、疾病にかかり、または死亡することと定義されている。

(2) 製造業において常時使用する労働者数が30人以上の事業場は、安全管理者および衛生管理者の双方を選任する必要がある。

(3) 常時使用する労働者数が50人以上の事業場は、産業医を選任する必要がある。

(4) 労働災害統計で用いられる年千人率は、1,000延べ実労働時間当たりの労働損失日数である。

(5) 安全委員会の記録は1年以上保管する必要がある。

【正解と解説】

(1) 〇

　記載のとおり。

(2) ×

　誤り。製造業の場合、常時使用する労働者数が50人以上の場合、安全管理者および衛生管理者の双方を選任する必要がある。

(3) 〇

　記載のとおり。

(4) ×

　誤り。説明の内容は、強度率を表現したもの。

(5) ×

　誤り。3年以上保管する必要がある。

第 ⑪ 章

環境管理

　わが国では四大公害病の発生以後に公害対策が強化されました。近年は公害の発生件数こそ減っているものの、環境問題への関心は高まる一方です。製造業にとっても、環境への配慮および国際基準への適合は急務となっています。本章では、公害・環境問題とその対策について、歴史的な背景から近年の動向までを学びます。

1 公害問題の歴史と法体制

環境に対する関心の高まりのきっかけとなった、公害問題の歴史について学びます。

◇ 公害問題の始まり

　明治時代、近代化に取り組む中で環境汚染問題が多く発生しました。足尾銅山鉱毒事件のほか、大阪で石炭燃焼によるばい煙に対する住民の非難の声が起こったり、東京深川ではセメント製造工場からの粉じんに関する住民との紛争が起こったりしました。このような背景のもと、1911年に工場公害の規制条項を含む**工場法**が制定され、公害対策の施策が行われました。しかしながらその効果は限定的で、以降も公害問題が全国的に広がっていきました。大正初期ごろから富山県の神通川中流域で、工場排水中のカドミウムを原因とするイタイイタイ病が発生しました。また、工場排水中のメチル水銀化合物が原因となって、熊本県水俣市では水俣病、新潟県阿賀野川流域では新潟水俣病が発生しました。

　第二次世界大戦後の高度経済成長期には、三重県四日市市で大規模な石油コンビナートに隣接する住宅地の硫黄化合物の濃度が上昇。そのことが原因でぜんそく症状を訴える住民が急増し、**四日市ぜんそく**と呼ばれるようになりました。水俣病、新潟水俣病、イタイイタイ病、四日市ぜんそくのことを**四大公害病**といいます。

四大公害病とその発生場所・原因物質

病名	発生場所	原因物質
水俣病	熊本県水俣市	メチル水銀化合物
新潟水俣病	新潟県阿賀野川流域	メチル水銀化合物
イタイイタイ病	富山県神通川流域	カドミウム
四日市ぜんそく	三重県四日市市	硫黄化合物

◆ 公害対策の強化

　増加する公害問題に対応するため、1967年に公害対策基本法が制定、1971年には「特定工場における公害防止組織の整備に関する法律」が制定されました。これらの法律に基づく規制により、産業公害問題は沈静化していきました。しかしながら、新たに複雑な環境問題が発生するようになりました。例えば、自動車の排ガスによる大気汚染、窒素やリンなどの栄養塩が閉鎖性水域に流入することで発生する富栄養化、光化学オキシダント、フロンによるオゾン層の破壊、地球温暖化、廃棄物の問題などが挙げられます。

◆ 環境基本法の制定

　複雑化する環境問題に対応するため、1993年に環境基本法が制定されました。環境基本法の概要は次のとおりです。

(1) 基本理念
　・環境の恵沢の享受と継承（第3条）　※恵沢＝恩恵、めぐみ
　・環境への負荷の少ない持続的発展が可能な社会の構築（第4条）
　・国際的協調による地球環境保全の積極的推進（第5条）

(2) 基本的施策
①環境基本計画の作成
②環境基準の設定
　（大気汚染、水質汚濁、土壌汚染、騒音にのみ設定されている）
③環境影響評価の推進（環境アセスメント）
④環境の保全上の支障を防止するための規制
　・典型7公害（大気汚染、水質汚濁、土壌汚染、騒音、振動、地盤沈下、悪臭）の防止
　・土地利用の規制
　・自然環境の保全
　・その他
⑤地球環境保全等に関する国際協力

② 環境マネジメントシステム (ISO 14001)

国際規格である環境マネジメントシステム（ISO 14001）の策定の経緯と基本的な考え方について学びます。

◇ 経緯と基本的な考え方

　様々な環境問題に対して規制や法律だけで対応することは困難です。そのため、様々な組織が自主的に環境問題に取り組むことが大切です。この目的のため、1996年に国際標準化機構（ISO）によりISO 14001規格（日本国内ではJIS Q 14001）が発行されました。今日では、製造業をはじめとする様々な業種が規格適合認証を受けています。

　ISO 14001(およびそれを中核とするISO 14000シリーズ)では、「PDCAサイクルを回しながら環境パフォーマンスの向上を進めていく」というのが基本的な考え方です。

◇ ISO 14001 の要求事項

①経営者の責務

　・環境マネジメントシステムの推進

　・環境方針の確立、実施、維持

　・組織の役割、権限の割り当て

②計画

　・環境側面を分析・評価して、重要な環境側面を取り上げる

　・環境目標を定め、それを達成するように計画する

③支援・運用

　・教育や組織内外からの情報、計画を実行するための仕組みや方法を整備

④評価

　・他部門による内部監査、経営者によるマネジメントレビュー

⑤改善

　・目標が達成されてもされなくても、PDCAサイクルを回して継続的に改善する

3 広がる ESG 経営

近年、企業経営において ESG という観点が広まっています。ESG とは何か、そしてこの観点で経営をしていくメリットについて考えます。

◇ ESG 経営とは

ESGとは、環境（Environment）に加え、社会（Social）、ガバナンス（Governance）の英語の頭文字を取った言葉です。この３つの観点を経営の中で重視することを**ESG経営**といいます。企業が継続的に成長をしていくためには、ESG課題の視点が必要とされています。以下に、「ESG情報開示実践ハンドブック」（発行：日本取引所グループ／東京証券取引所）に記されているESG課題の例を示します。

①環境……………気候変動、資源枯渇、廃棄、汚染、森林破壊など
②社会……………人権、強制労働・児童労働、労働条件、雇用関係など
③ガバナンス……贈収賄・汚職、役員報酬、役員構成・多様性、
　　　　　　　　　ロビー活動・政治献金、税務戦略など

◇ ESG 経営に取り組むメリット

①投資家からの評価が高くなる

近年、機関投資家などに向けて、「ESGを投資判断に組み込む」ことを求める声が高まっています。これに賛同する投資家も増加しつつあり、ESGに取り組む企業は投資家から高い評価を得られるようになっています。

②企業価値が高まる

ESGに取り組む企業は、消費者などに好ましい印象を与え、ブランド力が高まります。

③労働環境の改善

社員が働きやすくなり、優秀な人材を確保しやすくなります。離職率の低下につながる場合もあります。

④ カーボンニュートラルと GX

地球温暖化対策の観点から、「カーボンニュートラル」そして「GX」という考え方が普及してきました。これらの内容を押さえておきましょう。

◇ カーボンニュートラル

2020年、政府は「2050年までに温室効果ガスの排出を全体としてゼロにする〈カーボンニュートラル〉を目指す」ことを宣言しました。カーボンニュートラルとは、地球温暖化を食い止めるために、温室効果ガスを排出する量から、吸収したり、地中に埋めるなどして除去したりする量を引いて、プラスマイナスゼロにすることです。

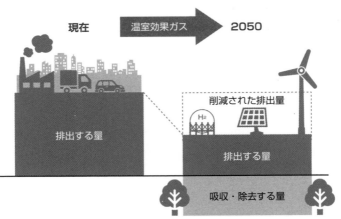

カーボンニュートラルの概念[*]

現在　　温室効果ガス →　2050

削減された排出量

排出する量

排出する量

吸収・除去する量

植林や森林管理、地中に埋めることなどを通じて

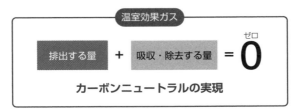

温室効果ガス

排出する量　+　吸収・除去する量　= 0（ゼロ）

カーボンニュートラルの実現

[*]…の概念　経済産業省の資料より（https://journal.meti.go.jp/p/19456/）。

この取り組みは製造業にも広まっています。「2023年版 ものづくり白書」では、サプライチェーン安定化の今後の取り組みとして、調査対象の大企業の50%以上が「脱炭素への対応」を挙げていました。多くの企業が、カーボンニュートラルに取り組むことで企業イメージが向上すると考え、ESGとの関連性も示唆しています。

◇ GX

カーボンニュートラルは非常に大きな目標です。これを実現するためには、社会の仕組みそのものを変える必要があります。この変化のことを**GX**（グリーントランスフォーメーション）といいます。

この変化を「やらされている」ではなく、「経済成長の機会」と捉え、産業競争力を高めていくことが必要とされています。例えば、ダイキン工業株式会社は省エネ性の高いエアコンの製造を強みにしています。消費電力の削減が可能な技術として、こういった製品を世界に向けて輸出することを、大きなビジネスチャンスだと捉えているそうです。日本の技術は、世界のカーボンニュートラル、そしてGXに大きく貢献できる可能性があります。また、産業界だけでなく、消費者や一般市民もGXに貢献することが求められます。社会全体が変わっていくことが必要なのです。

◇ GX リーグとは

経済産業省は、2022年2月に発表した「GXリーグ基本構想」において、「GX に積極的に取り組む『企業群』が、官・学・金（金＝金融）で GX に向けた挑戦を行うプレイヤーとともに、一体として経済社会システム全体の変革のための議論と新たな市場の創造のための実践を行う場として『GXリーグ』を設立する」としています（次ページの図を参照）。

第11章　環境管理

COLUMN

環境白書を読もう

環境に関する話題は変化が激しいため、新しいトピックスについていくことが必要です。環境省が毎年発行する環境白書には、環境に関する最新の動向が記載されています。最新版の環境白書に目を通されることをおすすめします

GXリーグの目指す循環構造[*]

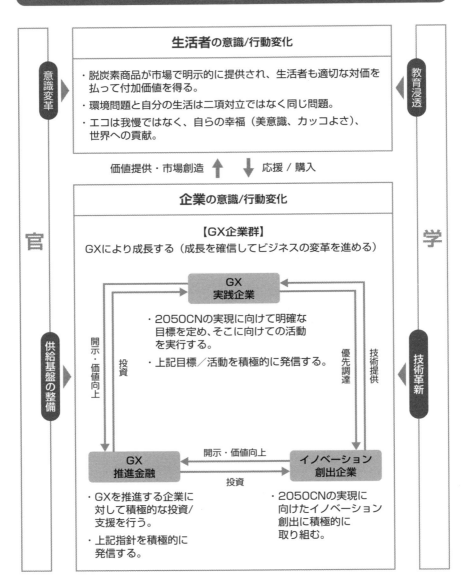

生活者の意識/行動変化

意識変革

教育浸透

・脱炭素商品が市場で明示的に提供され、生活者も適切な対価を払って付加価値を得る。

・環境問題と自分の生活は二項対立ではなく同じ問題。

・エコは我慢ではなく、自らの幸福（美意識、カッコよさ）、世界への貢献。

価値提供・市場創造 ↑　↓ 応援 / 購入

企業の意識/行動変化

官

学

【GX企業群】
GXにより成長する（成長を確信してビジネスの変革を進める）

供給基盤の整備

技術革新

GX 実践企業

・2050CNの実現に向けて明確な目標を定め、そこに向けての活動を実行する。

・上記目標／活動を積極的に発信する。

開示・価値向上

投資

優先調達

技術提供

GX 推進金融

開示・価値向上

投資

イノベーション 創出企業

・GXを推進する企業に対して積極的な投資/支援を行う。

・上記指針を積極的に発信する。

・2050CNの実現に向けたイノベーション創出に積極的に取り組む。

[*]…**循環構造**　https://www.meti.go.jp/policy/energy_environment/global_warming/GX-league/gxleague_concept.pdf より作成。

環境管理

SDGs

SDGs が製造業でも叫ばれるようになってきました。SDGs の内容は、単に環境に関するものだけではありません。

◇ SDGs とは

SDGs とは「持続可能な開発目標（Sustainable Development Goals）」のことであり、2015年9月の「国連持続可能な開発サミット」において、加盟国の全会一致で採択されました。17のゴール（目標）、169のターゲット（さらに231の指標）から構成され、地球上の誰一人取り残さない、発展途上国と先進国がともに取り組むべき普遍的な目標です。日本もこの目標に積極的に取り組んでいます。

SDGs のロゴと 17 の目標

　企業でもSDGsの考え方が広く普及しています。SDGsへの取り組みを広く社会に発信することで、多様なステークホルダーから高い評価を得ることができます。皆さんも、勤務先の会社の事業がどのようにSDGsとつながっているか、整理してみてはいかがでしょうか。

試験対策問題

次の設問に○×で解答しなさい。

【設問】

(1) 四大公害とは「水俣病」「新潟水俣病」「四日市ぜんそく」「イタイイタイ病」である。

(2) 環境基本法の理念の1つとして、「環境への負荷の少ない持続的発展が可能な社会の構築」がある。

(3) 典型7公害とは、大気汚染、水質汚濁、土壌汚染、騒音、振動、地球温暖化、地盤沈下である。

(4) 環境マネジメントシステムの要求事項には、決められたことを正しく実行しているかどうか他の部門の人が確認する内部監査、経営者によるマネジメントレビューがある。

(5) 水俣病の原因物質はカドミウムである。

【正解と解説】

(1) ○

記載のとおり。

(2) ○

記載のとおり。

(3) ×

誤り。地球温暖化は公害ではなく、環境問題。悪臭が抜けている。

(4) ○

記載のとおり。

(5) ×

誤り。メチル水銀化合物である。

おわりに

　本書は読者として生産管理部門に配属されることになった新入社員や若手社員の皆さんを想定しています。

　大学などで生産管理の分野は「経営工学」という学術的な分類に含まれます。しかしながら、この分野を専門に学べる大学や大学院はそれほど多くないのが実態です。

　このため、生産管理部門に配属される人の多くは、学生時代の専門分野はまったく違う専門分野の方でしょう。

　そのため、読者の皆さんの多くは、生産管理の業務をイメージすることが難しいのではないかと思います。また、これからの業務への不安も大きいでしょう。このような不安を払しょくするためには、以下の2つを準備しておくことが大切です。

①早い段階で生産管理の基礎知識を身につけておく。
②基礎知識を身につけた証明として資格（ビジネス・キャリア検定試験 BASIC級生産管理）に合格する。

　本書は、これらの準備をしていくための「道しるべ」になることを願って執筆しました。

　生産管理部門の担当者は学ぶべきことがたくさんあり、圧倒されることがあるかもしれません。しかし、会社全体の全体最適化を支える生産管理部門は、企業が競争力を付けていくうえで非常に重要な役割を持っていますし、やりがいのある職場です。

　前向きに生産管理の学習に取り組んでいただきたいと思います。そして、この本を読まれた皆さんが、生産管理担当者としてご活躍されることを心から願っております。

索 引
INDEX

●著者紹介

岡野　弘典（おかの　ひろのり）

技術士（経営工学部門、機械部門）
1983年 広島県三原市生まれ。2003年 呉工業高等専門学校
卒業、2007年 長岡技術科学大学工学研究科（修士課程）修了。
2018年 技術士資格を取得。生産管理および生産技術を専門
とする技術士として活動。TOEIC900点以上を取得し、海外
での業務経験が豊富。公益社団法人 日本技術士会　正会員。

●編集協力

株式会社エディトリアルハウス

図解入門ビジネス
生産管理の基礎知識
ビジネス・キャリア検定試験BASIC級生産管理
副読本

発行日	2023年12月 1日	第1版第1刷

著　者　　岡野　弘典

発行者　　斉藤　和邦
発行所　　株式会社　秀和システム
　　　　　〒135-0016
　　　　　東京都江東区東陽2-4-2　新宮ビル2F
　　　　　Tel 03-6264-3105（販売）Fax 03-6264-3094
印刷所　　三松堂印刷株式会社　　　　Printed in Japan

ISBN978-4-7980-7015-5 C3034